한국 내 고려인 마을
조사 자료집

이 저서는 2017년 대한민국 교육부와 한국연구재단의 지원을 받아 수행된
연구임 (NRF-2017S1A6A3A03079318)

집경인문학
자료총서
007

한국 내 고려인 마을 조사 자료집

바딤 아쿨렌코 지음

    중앙대·한국외대 HK⁺ 접경인문학연구단은 2017년 한국연구재단의 인문한국지원사업(HK⁺)에 선정되어 1단계 사업을 3년에 걸쳐 수행한 후, 2020년부터 2단계 사업을 시작했습니다. 접경인문학에서 접경은 타국과 맞닿은 국경이나 변경만을 의미하지 않습니다. 같은 공간 안에서도 인종, 언어, 성, 종교, 이념, 계급 등 다양한 내부 요인에 의해 대립과 갈등이 발생하기 때문입니다. 연구단이 지향하는 접경인문학 연구는 경계선만이 아니라 이 모두를 아우르는 공간을 대상으로 진행됩니다. 다양한 요인들이 접촉 충돌하는 접경 공간(Contact Zone) 속에서 개인과 집단이 이를 어떻게 인식하고 변화시키려 했는지를 추적하고 분석하는 것이 접경인문학의 목표입니다.

    연구단은 2단계의 핵심 과제로 접경인문학 연구의 심화와 확장, 이론으로서의 접경인문학 정립, 융합 학문의 창출을 선택하였습니다. 1단계 연구에서 우리는 다양한 접경을 발견하고 그곳의 역사와 문화를 '조우와 충돌', '잡거와 혼종', '융합과 공존'의 관점에서 규명하였습니다. 이 성과를 바탕으로 삼아 2단계에서는 접경인문학을 화해와 공존을 위한 학술적이면서 동시에 실천적인 방법론으로 제시하고자 합니다. 연구단은 이 성과물들을 연구 총서와 번역 총서, 이론총서 및 자료 총서로 간행하여 학계에 참고 자원으로 제공하고 문고 총서의 발간으로 사회적 확산에 이바지하고자 합니다.

유례없는 팬데믹을 맞아 세상은 잠시 멈춘 듯합니다. 이 멈춤의 시간 속에서도 각종 국가주의와 민족주의가 횡행하며, 국가와 민족 사이의 충돌은 더욱더 첨예해지고 있습니다. 접경은 국가주의의 허구성, 국가나 민족 단위의 제한성, 그리고 이분법적 사고의 한계성을 여실히 드러내는 대안적인 공간이자 역동적인 생각의 틀이라 생각합니다. 우리 연구단은 유라시아의 접경에서 일어나는 다양한 조우들이 연대와 화해의 역사 문화를 선취하는 여정을 끝까지 기록하고 기억할 수 있기를 희망합니다.

중앙대·한국외대 HK⁺ 접경인문학연구단 단장 손준식

한국 법무부의 데이터에 따르면, 2023년 초 기준으로 한국에 거주하는 고려인 수는 100,000명을 넘어섰다. 이들 대부분은 중앙아시아 출신 이민자로, 일반적으로 '고려인'이라 불린다. 국내 고려인 공동체는 1990년대 초기부터 형성되기 시작했지만, 경제적 이유의 대규모 이민은 2000년 이후에 본격적으로 시작되었다. 초기 고려인 공동체는 안산 땟골마을, 인천 함박마을, 광주 월곡동을 중심으로 형성되었다. 현재 이 지역들은 고려인이 살고 있는 동네라는 뜻으로 '고려인 마을'로 불린다.

'고려인 마을'이라는 용어는 2007년 김승근의 논문을 통해 처음으로 학계에 도입된 것으로 보인다.[1] 이 논문에서 '고려인 마을'이라는 표현은 러시아 연해주 우수리스크시의 '우정마을'을 설명하기 위해 사용되었다. 그러나 이후 이 단어조합은 다른 논문에서도 CIS 국가에 거주하는 고려인이 밀집해 사는 곳을 설명하는 용어로 사용되었다. 예를 들어, 2010년 임영상과 박마야의 논문에서는[2] 우즈베크

---

1) 김승근(2007). 러시아 연해주沿海州지역의 고려인高麗人마을 만들기와 운영 실태에 관한 조사연구 – 우스리스크 우정마을을 중심으로 –.
2) 임영상·박마야(2010). 타슈켄트의 신코리아타운 〈시온고〉 고려인마을과 한국문화.

타슈켄트 주 상 치르치크 구역의 〈시온고〉 마을을 '신코리아타운'과 '고려인 마을'이라고 하였다. 이에 따라 '고려인 마을'은 코리아타운 Koreatown 용어를 현지 고려인 공동체에 맞게 응용한 것으로 추정할 수 있다. 또한, 블라디보스토크에는 1917년 혁명 이전부터 '신한촌'이라는 지명이 존재하였고, 이는 '새로운 고려인 마을'이나 '신 코리아타운'을 의미하였다. 어찌 되었든, 국내의 경우 이 개념이 광주 월곡동 고려인 공동체에 최초로 사용되어, 일종의 브랜드가 된 후 고려인이 상당수 거주하는 한국의 모든 도시 지역에 '고려인 마을'이라는 개념이 적용되는 경향이 있다. 특히 2017년 이후 한국의 재외동포에 대한 정책 및 CIS 국가 경제 변화로 인해 고려인의 한국 이주가 급증되면서 '고려인 마을'이라는 용어 사용 빈도가 높아진 것으로 보인다. 이 과정에는 임영상 한국외대 명예교수가 쓴 언론 기사의 영향이 큰 것으로 보인다.

그러나 고려인 마을이라는 현상은 고려인들이 살고 있는 동네를 의미하는 것보다 훨씬 깊다. 실제로 고려인 거주지에서 형성된 러시아어 사용 커뮤니티라고해도 과언이 아닐 것이다. 고려인은 한국으로 이주한 후에도 본인의 사회적 연결을 끊지 않았다. 그들의 친척뿐 아니라 다른 민족 지인들이 한국에 이주하는 경우가 많았다. 또한 CIS 국가에서 다문화 결혼도 드문 일이 아니였고, 고려인들 중에서도 다른 민족과 결혼한 자가 적지 않다.

대한민국의 재외동포에 대한 정책은 국내 고려인의 지위를 다른 노동 이민자보다 다소 높게 만들었다. 일부 지방자치단체도 고려인 주민 지원 조례(표 1)를 제정해 이들에게 특별 혜택을 제공했고, 고려인들은 국내에서 일반 한국 시민과 비슷한 사회적 지원을 받게 되었다.

표 1. 지방자치단체의 고려인 관련 조례(https://elis.go.kr)

조례명	제정일(개정일)
광주광역시 고려인 주민 지원 조례	2013.10.01. (2018.04.01, 2019.07.01)
경기도 김포시 고려인 주민 지원 조례	2015.06.10. (2020.09.29)
경기도 고려인 주민 지원 조례	2016.02.24
경기도 안산시 고려인 주민 지원 조례	2018.01.08
인천광역시 고려인 주민 지원 조례	2018.11.05. (2021.12.30)
경상북도 고려인 주민 지원 조례	2019.04.15
경상남도 고려인 주민 지원 조례	2020.05.14
전라북도 고려인 주민 지원 조례	2021.04.09
충청남도 고려인 주민 지원에 관한 조례	2021.08.17
충청북도 제천시 고려인 등 재외동포 주민 지원에 관한 조례	2023.04.07
경기도 안성시고려인 주민 지원 조례	2023.06.30

　　한국으로의 이주의 모든 이점을 살펴본 많은 고려인들은 처음에는 계절성 노동자로 한국에 왔다가 결국 가족 전체를 데리고 이민하는 경우가 많다. 그러나 언어와 문화적 차이로 발생하는 의사소통 문제로 인해 많은 고려인들은 그들에게 편안한 환경이 형성된 곳 즉 '고려인 마을'로 정착하게 되었다. 위와 같은 장애는 다른 러시아어권 이민자들에게도 적용되며, 그들 역시 '고려인 마을'을 거주지로 선택한다.

　　이런 맥락에서 '고려인 마을'은 고려인들이 중심이 되는 CIS 국가에서 온 러시아어권 이민자들의 거주지라고 할 수 있다. 실제로 이

공동체에서 일부 고려인들은 이른바 '문화 중개인'의 역할을 수행하기 시작했다. 이들은 필요한 자원(언어 지식, 인맥 등)을 사용해 문화 간 상호작용에 적극적으로 참여했고, 지방자치체와 한국인들에게 보이는 '고려인 마을'의 특별한 모습을 형성하는 데에 많이 기여하고 있다.

공통 언어(러시아어) 및 공유 일상 문화를 중심으로 형성된 다소 고립된 공동체로서, 고려인 마을은 소수민족 집단거주지ethnic enclave로 정의할 수 있다. 이러한 지역은 자체적으로 결정되며, 그 주민들 사이에서 일반적으로 인정받고 있다.[3] 소수민족 집단거주지의 중요한 특징은 민족 기업의 성공과 경쟁력이며 이는 특정 그룹의 고객 수에 의한 것이다[4]. 이러한 기업은 고려인 마을에 필수적이며 모든 고려인 마을에서 찾을 수 있다.

본 책에는 구역화와 도시 공간에 대한 인식을 D. Jacobs, R. Gratz, R. Park, E. Burgess, K. Alexander, O. Vendina, K. Puzanov에 의해 확립된 이론적 기초에 근거하고 있다.

도시 내의 소수민족 집단거주지를 연구하는 데는 주로 두 가지 접근법이 있으며, '통계적' 접근법과 '인문학적' 접근법이 그것이다. 전자는 양적 평가 지표에 의존하며, 그 중에서도 핵심은 소수민족 집단거주지 인구 중 주요 그룹의 비율이다. 그러나 민족면에서 상당히 동질적인 나라인 한국의 경우에는 외국인의 비율이 비교적 적기 때문에 이러한 접근법이 효과적이지 않을 수 있다. 이에 대응하여

---

3) Puzanov K.A.(2013). Territorial boundaries of urban communities.
4) Espinoza-Kulick M., Fennelly M., Kevin B., Castañeda E.(2021). Ethnic Enclaves. obo in Sociology.

Y. Kelman은 소수민족 집단거주지에서의 어떤 인구 그룹의 비율이 상당히 클 경우 이를 국가 평균에 비해 파악하는 것을 제안한다.[5] Y. Kelman은 로스앤젤레스의 코리아타운을 예로 들어 이 방법을 효과적으로 설명한다. 비록 히스패닉계가 주요 민족 그룹(53.5%)을 이루는 멕시코계가 가장 큰 그룹(22.4%)을 이루지만, 한국인도 중요한 부분(21.2%)을 차지한다. 2010년에는 한국인이 미국 내 첫 세대 이민자의 2.7%를 차지했는데, 이는 로스앤젤레스 코리아타운에서의 비율보다 10배 낮다. 따라서 우세한 인구 그룹이 아님에도 불구하고, 로스앤젤레스의 코리아타운에서 한국인의 집중도는 전국 평균보다 훨씬 높아, 그들의 코리아타운 내 영향력은 매우 커 보인다.

반면에 이른바 '인문학적' 접근법은 역사, 지명학, 이미지, 그리고 지역의 모습을 고려한다. J. Lin의 책에서는 미국 도시의 이른바 '민족적 장소ethnic places'를 그들의 대표문화의 '기억의 장소places of memory'로 묘사하고 있다. 이는 그 지역에 그들의 대표자가 현재 거주하고 있는지, 아니면 그들의 박물관이나 문화센터에서만 일하고 있는지에 상관없이 적용된다.[6]

필자는, 민족-문화적 공동체인 소수민족 집단거주지의 연구는 통계 데이터일 뿐만 아니라 다른 많은 지표들도 병행하여 접근하는 것이 필요하다고 본다. 따라서 국내 소수민족 집단거주지는 대표 인구 그룹의 비율 증가, 민족 인프라(사업적 및 사회적)의 존재, 도시 풍경

5) Golyashev, A. and Y. Kelman(2014). Localization index in Social and Economic geography: tradition and new approaches.

6) Lin J.(2011). *The Power of Urban Ethnic Places Cultural Heritage and Community Life*. Routledge.

내에서의 확고한 위치 그리고 도시 주민들이 인식하는 독특한 지역 이미지 등의 일부 또는 전체 특징에 의해 확인될 수 있다. 그러므로 주요 인구 그룹이 소수민족 집단거주지 내에 수적으로 우세하지 않더라도, 그들은 도시 주민들이 그 지역을 민족적으로 독특하게 인식하도록 할 수 있다.

고려인 마을은 소수민족 집단거주지의 많은 특성을 보여준다. 따라서 본 책에서는 Y. Kelman이 제안한 연구법과 디지털 인문학 방법론을 적절하게 활용하여 이를 자세히 연구하였다. Y. Kelman은 미국의 여러 대도시에서 실시한 현장 연구를 통해 소수민족 집단거주지의 12가지 외부 표시를 확인했는데, 이는 소수민족 집단거주지를 식별하는 데 도움이 될 뿐만 아니라, 도시 공간에서 그들의 두드러진 정도를 평가하는 데에도 사용될 수 있다.7) 그러나 고려인 마을을 Y. Kelman 방법론을 사용해 연구하는 데는 일부 어려움이 있다. 예를 들어, 한국인과 같은 인종적 특성을 가진 고려인의 수를 객관적으로 확인하여 소수민족 집단거주지에서 그들의 존재 밀도를 계산하기 어렵다. 그럼에도 불구하고, 같은 소수민족 집단거주지 내에 슬라브족과 파미르 - 페르가나족 대표들이 거주하는 것은 그 지역의 독특한 이미지를 형성하는 요소 중 하나다.

연구의 예비 단계에서는 관련 과학 문헌과 보도 자료를 검토했다. 또 통계 데이터를 분석하며, Daum과 Kakao 맵핑 서비스를 이용하여 소수민족 집단거주지의 예비 조사를 실시하였다. 2022년 10월부

---

7) Kelman Y.(2017). Field research on ethnocultural enclaves in US cities. Methodology and examples.

터 2023년 8월까지의 현장 연구 단계에서는 안산, 인천, 광주, 안성, 아산, 경주, 김해, 부산, 청주의 고려인 마을의 사진 및 동영상을 촬영하고, 현지 주민들과의 반정형 인터뷰를 진행했다. 현장 단계에서의 경로는 Garmin GPS 서비스를 이용하여 기록했다. 최종 단계에서는 모든 수집된 정보를 처리·정리·분석하였다.

본 연구를 통해 고려인 마을은 몇 가지 공통적인 특성을 공유하고 있다는 결론을 내렸다. 고려인 마을 모두는 지형 특성과 주거 개발 패턴에 의해 형성된 분명한 경계를 가지고 있다. 또한 이러한 소수민족 집단거주지 내에서 형성된 고객 기반에 의존하는 민족 사업체가 존재한다.

대부분의 고려인 마을은 공동체 형성의 활발한 단계에 있어, 그들의 발전 단계는 Y. Kelman에 방법론에 따라 '지경threshold'으로 정의할 수 있다. 이는 민족 그룹의 집중도가 어느 정도까지 증가하여 '온실greenhouse' 단계로 전환의 경계에 놓인 단계를 의미한다. 이 단계에서는 양이 질로 변환되어 소수민족 집단거주지 내에서 활발한 공동체가 형성되는 것으로 보인다. 그러나 필자가 연구한 '고려인 마을' 중 부산의 사라져가는 '박물관형museum type' 공동체와 인천, 안산, 광주의 '민족 오아시스ethnic oases'가 있는데, 이들은 발전 단계가 더 진행되며 계속해서 성장하는 특성을 보여준다.

목차

1

광주광역시 월곡동
고려인 마을

광주광역시 월곡동 고려인 마을은 대한민국 내에서 가장 오래된 고려인들의 공동체 중 하나다. 서론에서도 언급했듯이, 고려인 마을은 대한민국에서 브랜드화 되었을 뿐만 아니라 학술용어화되었다. 그래서 현재 구소련 지역에서 온 러시아어를 사용하는 이주민들에 의해 형성된 모든 소수민족 집단거주지는 중심에 고려인들이 있을 경우 이 소수민족 집단거주지를 '고려인 마을'이라고 불린다.

현재 광주광역시 월곡동 고려인 마을은 두 개 지역, 월곡2동과 월곡1동에 위치하고 있다. 이전에 월곡2동과 월곡1동은 하나의 행정구역이었으나, 2002년 외국인 노동자의 수가 증가함에 따라 두 구역으로 나뉘었다. 그러나 고려인 마을의 민족 사업체 인프라의 주요 부분은 월곡2동에 위치하고 있다. 또한 러시아어를 사용하는 대부분의 이주민들도 여기에 거주하는 것으로 보인다.

소수민족 집단거주지의 상업 및 사회문화 인프라는 대략 $0.5km^2$의 면적에 주로 저층 건물이 있는 몇 개의 구역에 집중되어 있다.

이는 목련로로 두 부분으로 거의 동일하게 나뉜다. 소수민족 집단거
주지의 동쪽 부분은 용아로로 형성되고, 북쪽은 장숙천, 남쪽은 월
곡산청로, 동쪽은 사암로로 둘러싸여 있다. 그렇지만 러시아어를 사
용하는 일부 주민들은 인접한 월곡1동에도 거주하고 있다. 그러나
그들의 정확한 거주 지역의 경계는 명확하게 정의하기 어렵고 대략
적으로만 언급할 수 있다. 또한, 월곡1동에는 남아시아와 동남아시
아 국가에서 온 이민자들이 다수 거주하고 있다.

그림 1.1 광주광역시 광산구 월곡2동(출처 : 카카오맵 https://map.kakao.com)

고려인 마을의 사회문화적 인프라는 소수민족 집단거주지의 중앙 동부에 위치하고 있으며, 상업적 인프라는 주로 '산정공원로'라는 길을 따라 선정공원초입에서 햇살어린이공원이라는 작은 어린이 놀이터까지 이어져 있다.

그림 1.2 광주광역시 광산구 월곡 고려인 마을 중심 부분

2000년대 초반부터 고려인들이 월곡동 일대에 정착하기 시작했다. 당시 그들 대부분은 관광 비자로 입국하여 불법으로 일하고 있었다. 그러나 2007년 3월 중국과 구소련 국가들의 해외 동포를 위해 '방문취업'이라는 'H-2' 비자가 도입되었고, 이 비자로 대한민국에 입국하여 간단한 비전문 작업에 종사하는 것이 가능해졌다. 이 시기에 대한민국으로 일을 하러 오는 고려인의 수가 급격히 증가하기 시작했고, 이는 최초 고려인 공동체를 형성하는 데 기반이 되었다. 그

중 하나가 월곡동 지역의 고려인 마을이었다. 이 지역 주변에는 하남 공단, 평동공단, 소촌공단과 같은 세 개의 산업 단지와 계절 근로자를 요하는 다수의 농경지가 있다. 당시 이주민들은 주로 작은 이층 개인 주택으로 구성된 저렴한 임대 주택에서 정착할 수 있었다.

그림 1.3 산정공원로와 산정공원로 82번길 사이의 교차로
(상: 2010년, 출처 : 카카오맵 로드뷰 https://map.kakao.com, 하: 2023년)

2010년대에 고려인들은 F-4 비자를 신청할 수 있는 기회가 생겼고, 이는 역사적인 조국에서의 생활을 더욱 편안하게 만들었다. 한

국에서 영주의 기회를 얻게 되면서 자녀와 부모가 함께 가족 전체가 이주하는 길이 열렸다. 이는 상업적 및 사회문화적 인프라를 갖춘 소수민족 집단거주지형성을 촉진하는 것은 물론, 이러한 지역의 질적인 발전 속도에 크게 영향을 주었다.

광주광역시에서는 이 현상이 매우 이른 시기에 일어났는데, 2005년 9월에는 고려인들을 돕기 위한 센터인 '고려인공동체 산하 상담소'의 전신이 생겨났다. 이를 통해 고려인들은 일상생활 문제를 해결하고 광주광역시와 상호작용할 수 있게 되었다. 2012년 10월에는 광주광역시에 러시아어권 아이들을 위한 유치원이 생겨났으며, 2013년 3월에는 주요 비정부 사회문화적 인프라 기관을 관리하고 고려인 마을의 러시아어권 이민 인구의 교육, 상담 및 편안한 생활을 지원하는 기타 활동과 관련된 '고려인마을협동조합'이라는 비영리 조직이 형성되었다.

고려인 공동체 활발한 활동은 2004년부터 공동체의 리더가 된 신조야 회장Zoya Mikhailovna Shin과 관련이 있다. 신조야 회장은 2001년 4월에 처음으로 대한민국에 도착하여 곧 불법 체류와 관련된 모든 문제에 직면했다. 그 후 그녀는 자신의 권리뿐만 아니라 역사적 고향으로 돌아온 모든 고려인들의 권리를 위해 싸울 결심을 했다. 신조야와 그녀를 지지하는 활동가들의 지속적이고 활발한 활동의 결과로, 2013년 10월에 광주광역시 행정에 의해 고려인주민지원조례가 채택되었다.

고려인 커뮤니티와 광주광역시청의 지원으로 월곡2동에 고려인마을 가족지원센터, 고려인아동지원센터, 고려인종합지원센터, 청소년문화센터, 노인복지센터, 고려인교회, 새날어린이집, 고려인 라디오

'고려 FM', 고려인미디어센터, 월곡고려인문화관 '결' 그리고 고려인 광주진료소 등이 생겼다. 그리고 2022년 8월, 한국 해방의 77주년을 맞아, 공동체 중심지에서 가까운 다모아어린이공원에서는 고려인들의 정체성 형성의 중심 역할을 하는 독립운동 영웅 홍범도 장군 흉상이 세워졌다.

그림 1.4 고려인종합지원센터, 고려인 어린이집관, 고려인 라디오 '고려 FM'사무실이 있는 건물

그림 1.5 월곡고려인문화관 '결' 건물

그림 1.6 홍범도 장군 흉상(다모아어린이공원 위치)

고려인 마을의 사회문화 인프라에서 국립 및 사립 교육 기관은 중요한 위치를 차지하고 있다. 이 소수민족 집단거주지 내에는 한남초등학교가 있으며, 해당 초교에는 러시아어를 사용하는 학생의 수가 가장 많다. 2019년 기준 362명의 재학생 중 4분의 1 이상인 96명이 고려인학생이었다.[1] 그리고 2023년 42명의 1학년 입학생 중 26명이 구소련 국가 출신 이민자의 자녀였다.[2] 이러한 통계는 이 학교에서 러시아어권 학생의 비율이 증가하고 있다는 경향을 잘 보여준다.

월곡동 고려인 마을에 중요한 교육 기관 중 하나는 마을에서 약 12km 떨어진 곳에 위치한 '새날' 학교다. 주로 구소련 국가 출신 이민자의 자녀들이 이 학교에서 교육을 받고 있다. 본래 2007년에 학

---

1) 윤자민(2019). 광주 하남중앙초 '고려인 역사알기 전시회' 개최. https://cm.asiae.co.kr/article/2019061314285217286
2) 고귀한(2023). 어서 와, 예바!··· 광주 고려인마을로 피란 온 우크라 어린이의 첫 등교. https://m.khan.co.kr/local/local-general/article/202303030600005#c2b

교 설립 당시 학교 측은 한국 학교의 프로그램을 습득하는 데, 언어
를 몰라 어려움을 겪는 모든 국적의 학생들이 교육을 받을 것으로
예상했다. 2023년 현재, 새날 학교에서는 64명의 학생들이 교육을 받
고 있으며 그 중 47명이 러시아어권 학생들이고, 12명은 베트남어권
학생들이다.3) 이러한 구성은 광주시 월곡동 거주자 관련 상황을 여
실히 반영하고 있다. 또한, 고려인 마을 내에는 러시아어권 아이들의
수가 상당하다고 판단되는 몇몇 유치원과 초등 교육 기관도 있다.

소수민족 집단거주지의 사회문화적 인프라에는 러시아어로 예배
를 제공하며 노동 이민자를 위한 한국어 교육과정을 제공하는 개신
교 교회도 포함된다. 예를 들어, 2018년에 월곡2동의 중심부에서 문
을 연 갓플리징교회는 2020년에 노동 이민자들에게 교육적 및 상담
서비스를 제공하는 이주민종합지원센터를 설립하였다.

그림 1.7 갓플리징교회 입문 및 이주민종합지원센터 간판

따라서 주로 교육 기관과 지원 센터로 구성된 사회문화적 인프라

---

3) 새날학교 웹사이트. http://www.saenalschool.com

는 외국어와 다른 문화 환경에서의 통합에 상당한 어려움을 겪고 있는 러시아어권 이주민의 광주 정착에 큰 도움이 된다.

2023년 6월 대한민국 법무부의 데이터에 따르면, 고려인 마을이 위치한 광주광역시 광산구에는 구소련 국가 출신 3,763명의 해외동포(F-4)가 거주하고 있었다. 광주광역시청 데이터에 따르면 같은 지역에는 구소련 국가 출신의 2,999명의 시민이 등록되어 있다. 한편, 비영리민간단체 '고려인 마을'의 정보에 따르면, 월곡동 내에는 7,000명 이상의 고려인이 거주하고 있다.4) 이 지역의 러시아어권 주민 수에 대한 평가 차이의 원인을 정확히 지적하기는 어렵다. 아마 공식 통계에서 대한민국 내에서 불법 체류하는 이들을 포함할 수도 없고 F-1, F-2, F-5, F-6, E-7 등의 체류자격자도 포함하기 어렵기 때문인 것으로 보인다. 그러므로 법무부와 비영리민간단체의 데이터가 모두 정확하다고도 볼 수 있겠다. 이에 필자는 고려인 마을의 러시아어권 인구 변화 동향을 시각화하기 위해 우즈베키스탄, 카자흐스탄, 러시아에서 온 월곡2동에 거주하는 시민 수에 대한 한국통계포털의 데이터를 사용하는 것이 적절하다고 보고 이를 활용하였다.

그림 1.8 그래프에 따르면 2012년부터 2019년까지 월곡2동에 거주하는 우즈베키스탄, 카자흐스탄, 러시아 국적 이민자의 수가 꾸준히 증가하는 것을 알 수 있다. 8년 동안 해당 국가 출신의 인구는 10배 이상 급증했다. 2018년에는 이민자의 수가 증가하는 속도가 둔화되었으며, 코로나-19 전염병 팬데믹 기간 동안 월곡2동의 인구가

---

4) (사)고려인 마을 웹사이트. https://www.koreancoop.com

정체되거나 감소한 것으로 보인다. 그 후 2022-2023년에는 우크라이나 사건 때문에 다시 늘어났다.

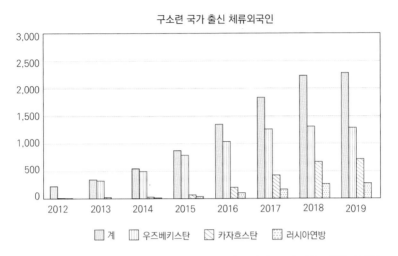

구소련 국가 출신 체류외국인

□ 계　▥ 우즈베키스탄　◩ 카자흐스탄　⬚ 러시아연방

그림 1.8 연도별 우즈베키스탄, 카자흐스탄, 러시아 연방 국적 광주광역시 광산구 월곡2동 거주 외국인

　월곡2동에 거주하는 러시아어권 인구의 정확한 수를 알 수 없으므로 이 지역의 러시아어권 인구 비율을 정확히 계산하는 것은 어렵다. 앞서 언급한 대로 불법 이민자 수가 많은 것을 감안하면 이 문제는 더욱 복잡해진다. 2019년 공식 데이터에 따르면, 월곡2동에 등록된 우즈베키스탄, 카자흐스탄, 러시아 국적의 이민자수는 2,286명으로, 이 지역 인구의 13.5%를 차지한다. 저자는 그 사람들 중 고려인이 가장 높은 비율을 차지한다고 본다. 최근 그들이 'H-2', 'F-4', 'F-1' 체류자격을 얻기가 상대적으로 쉬워졌기 때문이다. 그리고 만약 비영리민간단체 '고려인 마을'의 데이터(2023년에 7,000명 이상)를

사용할 경우 러시아어권 인구의 비율이 34%를 차지하는 것으로 나온다. 두 번째로 큰 외국 이민자 그룹인 베트남인의 비율은 약 3%로, '새날' 학교의 베트남 학생 수 비율과 비슷하다.

따라서 공식 통계 데이터에 따르면, 월곡2동의 고려인 커뮤니티는 월곡2동 원주민 다음으로 가장 많은 수의 민족 집단이다. 이는 현장 조사 과정에서도 확인되었으며, 월곡2동 발달한 사회적 및 상업적 인프라, 그리고 거리에서 고려인 주민의 존재를 다수 확인할 수 있었다.

이렇게 많은 러시아어권 이민자들은 특정한 상업적 인프라를 필요로 한다. 즉, 카페, 상점, 채용 기관 및 기타 기관들로 그들의 생활 요구를 충족시키는 것이다. 월곡동 고려인 마을에서 가장 먼저 눈에 띄는 것은 '가족'이라는 공통 브랜드로 운영되는 많은 업체다. 구소련 지역의 출신자가 창립한 첫 번째 업체는 2012년에 월곡1동에 있는 'Samarkand. Akbar and friends'이지만, '가족'은 고려인 마을과 더 밀접한 관련이 있으며, 그 마을의 생활에 보다 적극적으로 참여하고 있다.

최초의 '가족' 카페는 처음에 고려인 마을 중앙 부분의 목련로 남쪽에 생겼다. 그 후에 목련로 북쪽에도 '가족' 카페 체인점이 두 곳 더 개업했다. 카페 외에 '가족'이라는 두 개의 식료품 가게, 휴대폰 가게, 그리고 뷔페식 식당도 있다. 현장 조사 단계에서 '가족' 브랜드 아래 총 7개의 다양한 식당과 상점이 확인되었다.

또한, 러시아, 유럽, 중앙아시아 요리의 다른 음식점들, 그리고 바와 간식집들도 있어, 구소련 국가 출신 주민들에게 익숙한 다양한 음식과 간식을 넓은 범위로 제공하고 있음을 확인할 수 있다.

그림 1.9 최초 '가족' 카페

그림 1.10 러시아 전통 간식인 블린(팬케이크) 카페 'Blin Go'

고려인 마을 내에는 주로 식품과 음료, 알코올을 판매하는 수많은 소매 상업 시설이 있다. 여기에는 'Imperia Foods'의 브랜드를 쓰는 두 개의 가게가 바로 눈에 띈다. 이는 고객 유입이 상당히 활발함을 나타낸다. 또 다른 특징은 특수화된 가게들의 존재이다. 특히 할랄 (회교) 상품을 판매하는 정육점, 빵집, 옷과 속옷상점, 그리고 화장품, 향수, 비타민, 심지어 책까지 판매하는 매장이 있다. 이러한 다양성 과 특정 상품 유형에 대한 전문화의 출현은 특정 제품에 대한 꽤 넓

그림 1.11 옷과 화장품 가게(상), 'Turkestan Halal Meat' 하랄 식품 상점(하)

은 수요를 나타낸다.

월곡동 고려인 마을에서는 서비스 분야도 넓게 발달되어 있다. 아마도 고려인과 다른 러시아어권 이민자들에게 가장 중요한 서비스는 일자리 찾기와 한국 당국과의 상호작용에 대한 도움일 것이다. 처음에는 한국인 중개인들이 일자리를 찾는데 도움을 주었지만, 그 후 이 문제는 신 조야 회장이 이끄는 고려인 공동체가 적극적으로 나서 도움을 주었다. 소수민족 집단거주지에서는 정규직이나 임시직 직원을 찾는 다양한 광고판과 소위 '비르자'(직역 '거래소')라고 불리는 인력회사들을 많이 볼 수 있다. 특별히 언급할 만한 것은 우즈베키스탄공화국의 고용 및 노동 관계부의 외국노동이주대행소가 소수민족 집단거주지 내에 위치하고 있다는 점이다.

고려인 공동체에서는 일자리 찾기를 돕는 회사들뿐만 아니라 변호사나 통역 서비스를 제공하는 회사들도 있다. 통역 서비스를 말하면서 '류드밀라'라는 법정 통역사의 사무실 네트워크를 언급하지 않을 수 없다. 소수민족 집단거주지의 거리에서 진행한 짧은 인터뷰에서 한 응답자는 이 네트워크의 변호사들의 높은 자격을 언급했다. 그러나 인력회사에 대해 말할 때, 정보제공자는 그들이 서비스에 대한 대가로 고용주와 직원 양쪽 모두로부터 비용을 받는다는 사실을 특히 강조했다. 반면, 다른 소수민족 집단거주지에서는 그 비용을 한쪽만 부담한다고 했다.

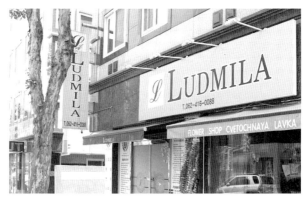

그림 1.12 인력회사(상), '류드밀라' 법정 통역사의 사무실(하)

    소수민족 집단거주지에는 꽃가게, 미용실, 휴대폰 상점, 그리고 우편 서비스 사무소와 같은 특별한 업체들도 있다. 고려인 마을 중앙 거리에는 외화 환전소가 위치하고 있다. 이것은 고려인 마을에서 다소 드문 현상이며 별도의 허가가 필요하다. 월곡동 고려인 마을의 특색을 더하는 오락 업체로는 노래방과 당구 클럽이 있다. 한마디로, 월곡동 고려인 마을의 상업적 인프라는 대한민국 내의 다른 고려인 마을 중에서도 가장 발달한 것 중 하나로 간주될 수 있다. 이는 발달한 사회문화적 인프라와 함께 현지 러시아어권 커뮤니티 인구 증가의 중요한 요인이 된 것으로 보인다. 여기에서는 고려인들이 주요한 역할을 하고 있다. 구소련 국가 출신자 공동체는 신조야 회장이 이끌고 있으며, 현지 고려인들은 신조야를 '대모'라고도 부른다.

그림 1.13 택배회사 및 광관사인 'New Cargo'(상), 'Persona' 미용실(하)

월곡동 고려인 마을의 사회·문화적 생활의 중요한 부분은 매년 열리는 행사들이다. 2013년 광주광역시에서는 '고려인의 날'을 처음 개최하였으며 거의 매년 진행하고 있다. 이 행사에서는 고려인들이 거주하는 국가들의 전통 음식을 선보이고, 전통춤과 노래 공연을 한다. 러시아어권 공동체 발전에 크게 기여한 사람들을 상으로 시상한 바도 있다.

고려인 마을의 국제 활동도 강조할 만한 가치가 있다. 고려인 공동체는 한국과 중앙아시아 국가들 사이에서 문화 중재자 역할을 하도록 노력하기 때문이다. 예를 들어, 올해 고려인 공동체의 직접적인 참여로 한국의 학생 그룹이 카자흐스탄을 찾았다. 5월에는 키르기스스탄의 청년 예술단체 '만남'이 광주광역시를 방문하여 '제1회 세계고려인대회' 및 '세계고려인단체총연합 결성식' 행사에 참여하였다.

그림 1.14 키르기스스탄 '만남'예술단 공연

그러나 고려인 마을의 문화 활동은 그 뿐만이 아니다. 필자는 현재 그 지역의 리더와 현지 활동가들이 고려인의 문화적 정체성을 형성하고 유지하는 데 큰 노력을 기울이고 있으며, 이를 통해 그들의 지속 가능한 존재의 기반을 강화하고 있는 것으로 본다. 고려인들이 한국 사회에 점진적으로, 때로는 성공적으로 통합되고 있음에도 불구하고 그들은 자기 정체성을 잃지 않도록 노력한다. 이를 이룩하기 위해서는 무엇보다도 박물관이 중요하다. 월곡동 고려인 마을 경우 월곡고려인문화관 '결'이 이 역할을 담당한다. 월곡고려인문화관 '결'의 전시실에서 고려인 이민사에 대해 알 수 있다. 또한 2023년 3월, 김해시의 중심부에도 비슷한 전시관이 개설되었는데 이 역시 월곡고려인문화관 '결'의 도움이 있었다.

고려인의 정체성을 유지하고 강화하는 데 '고려 FM' 라디오와 고려인 미디어 센터도 많이 기여한다. 2015년에는 자체 신문 발행을 시도했으며, 초판이 6,000부 출간되었다[5]. 직후 지속적으로 신문을 발행하지 못했지만, 2020년에 두 번째 시도로 젊은 기자 학교의 졸업생들이 《동그라미》 신문의 초판을 발간했다. 그 이후로 세 개의 신문이 출간되었다. 마지막 판은 2022년 12월 14일에 출간되었고 첫 페이지에는 우크라이나에서의 군사 충돌에 대한 기사가 실렸다.[6] 월곡동 고려인 마을에 여러 그룹의 우크라이나 난민들이 이미 도착해 있던 시점이었다.

---

5) [포토] 광주 '고려인신문' 1호. https://www.hani.co.kr/arti/area/area_general/724171. html
6) 윤종채(2022). 광주고려인마을, 마을공동체신문 《동그라미》 제3호 제작 배포. https://www.namdonews.com/news/articleView.html?idxno=707387

그림 1.15 《동그라미》신문 제3호 제1 지면[7]

　최근 몇 년 동안 광주뿐만 아니라 전체 대한민국에서 가장 눈에 띄는 문화적 현상은 아마도 《나는 고려인이다》라는 뮤지컬일 것이다. 이 뮤지컬은 고려인의 정체성 형성 과정에 대한 현지 활동가들의 입장을 완전히 드러내는 것이다. 이 뮤지컬은 국립아시아문화전당, 아시아문화원, 광주고려인마을의 공동 노력으로 제작되었다.

---

7) Ibid.

2017년 중앙아시아로의 고려인 추방 80주년을 기념하여 처음 공개되었다.[8] 이후로 이 뮤지컬은 국내외에서 여러 번 상영되었으며, 카자흐스탄과 키르기스스탄에서도 상영되었다.

그림 1.16 《나는 고려인이다》 뮤지컬 포스터(2020[9], 2021[10])

8) 기미양(2020). 고려인강제이주 80주년기념 다큐 뮤지컬 '나는 고려인이다' 공연 성료. http://www.kukak21.com/bbs/board.php?bo_table=news&wr_id=13354
9) 국립아시아문화전당 웹사이트. '나는 고려인이다' 뮤지컬 포스터 2020. https://www.acc.go.kr/main/performance.do?PID=0102&action=Read&bnkey=EM_0000004161
10) 국립아시아문화전당 웹사이트. '나는 고려인이다' 뮤지컬 포스터 2021. https://www.acc.go.kr/main/performance.do?PID=0102&action=Read&bnkey=EM_0000004589

최근 몇 년 동안 지역 활동가들은 지역 및 광산구청과 함께 고려인 마을을 관광 명소로서 홍보하려는 노력을 하고 있다. 현지 고려인 센터에는 고려인 마을의 특별한 지도가 등장하였는데, 이 지도는 단순히 고려인 마을의 주요 명소들을 보여주는 것 뿐 아니라 현지 러시아어권 공동체와 관련된 업체를 중점적으로 보여준다. 또한, 일반 음식점의 위치를 정리하고 그들에게 특정 규격을 부여하여, 관광객들을 지역 공동체의 일부인 장소로 직접 안내하는 시도를 하였다. 사실상, 이 지역은 소수민족 집단거주지로써 대한민국에서의 고려인 마을의 모범 사례로 변모하고 있는 것으로 볼 수 있다.

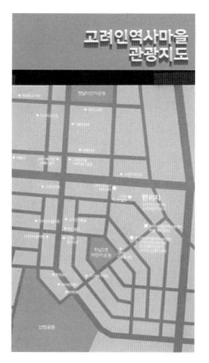

그림 1.17 고려인 센터에 고려인 마을 관광의 지도

따라서 광주광역시 월곡동 고려인 마을이 구소련 국가들에서 온 러시아어를 사용하는 이주민들의 소수민족 집단거주지 중 하나로 가장 두드러지고 빠르게 성장할 수 있었다고 생각한다. 월곡동 고려인 마을에서는 고려인들이 러시아어권 공동체와 원주민 및 한국 당국 사이에 문화 중개자로서 중요한 역할을 하고 있다. 고려인 마을에는 상당히 발전한 상업·문화·사회적 인프라가 있으며, 또한 비영리민간단체 형태로 운영되는 공동체 관리 기관도 있다. 그리고 이 공동체는 카리스마 넘치는 리더인 신조야 회장이 이끌고 있다.

　현장 답사 및 자료 분석 조사를 통해 필자는 광주광역시 월곡동의 고려인 마을이 Y. Kelman 이론에 따른 12개의 외부 특성 중 모든 특성을 가지고 있음을 발견했다. 그 중 일부 특성은 러시아어권 이주민들이 밀집하여 거주하는 다른 지역에서는 발견되지 않은 독특한 것이다. 예를 들어, 지역의 일부 건물에는 다른 건물들과는 확연히 다른 독특한 건축 스타일이 있다. 또한 몇몇 문화 명소도 있다. 문화 센터에 있는 프레스코의 복제본과 독립운도 영웅인 홍범도 장군 흉상을 볼 수 있다. 전반적으로 고려인들의 한국 사회에의 통합뿐만 아니라 그들의 정체성을 유지하고 강화하는 것을 목적으로 하는 사회문화적 인프라의 발전 규모가 놀랍다.

2

인천광역시 연수구 연수1동
고려인 마을

인천은 대한민국 수도 서울의 위성 도시 중 하나로, 여러 다양한 교통 경로로 서울과 연결되어 있다. 두 도시 사이의 거리는 단지 28km이며, 서울 중심부에서 지하철로 인천의 서쪽 끝까지 이동하는 데 약 1시간밖에 걸리지 않는다.

도시의 전체 면적은 1,067km²이고[1] 2023년 6월 인구는 총 3,055,293 명으로, 그 중 76,544명이 외국인이며[2], 그 중에서도 9,203명이 구소련 출신 고려인이다(법무부, 2023년 6월 기준, F-4 체류자격). 고려인이 가장 많이 거주하는 지역은 연수구로, 404,934명의 등록된 주민 중 15,516명이 외국인이며, 그 중 6,933명이 고려인이다(법무부, 2023년 6월 기준). 따라서 해당 지역 주민 총 인구 중 그들의 비율은 2%도 되지 않는다.

---

[1] 인천시청 웹사이트. https://www.incheon.go.kr
[2] 인천시청 웹사이트. 통계 간행물. https://www.incheon.go.kr/data/DATA01000 1#none

그림 2.1 '멜니차' 식품 가게 겸 빵집 2016년 모습(좌 출처 : 카카오맵 로드뷰 https://map.kakao.com), 2023년 모습(우)

그러나 2023년 7월에 연수1동에 위치한 '4단지'로도 알려진 함박 마을에는 약 7,400명의 외국인이 영구적 또는 일시적으로 거주하고 있으며, 이 중 약 80%가 고려인이 차지하는 비율이다.[3] 2022년에 한국지방행정연구원에서 준비한 보고서에서는 이 숫자를 '7,000여 명'이라고 언급했다.[4] 따라서 이 특정 지구의 인구의 절반 이상이 고려인이며, 이는 한국 내에 위치한 고려인 마을 중에서 러시아권 동포의 밀도가 가장 높은 것이다.

한국 연구자들은 '함박 마을'의 고려인 커뮤니티 형성이 2015년 이후에 시작되었다고 확신하며, 이는 Kakao Map 및 Naver Map과

---

3) 윤성문(2023). 내·외국인 갈등 빚는 인천 함박마을 … 상생 종합대책 추진. https://www.incheonin.com/news/articleView.html?idxno=96327

4) 박현옥, 주희진(2022). 인천광역시 외국인 근로자 실태조사 및 지원방안. 한국지방행정연구원.

같은 지도 서비스 데이터와도 일치한다. 2016년경 첫 번째 러시아식 식당과 상점이 개업하기 시작했다. 예를 들면, 지금도 영업중인 '멜니차' 식품 가게 겸 빵집은 2016년에 개장되었다.

함박마을 러시아어권 주민들은 자기 동네를 '4단지'라고 하기도 한다. 2016년 후 러시아어권 입주민 수는 급증하기 시작했다. 그 원인으로 교통 편리성(근처에 지하철 노선이 있으며 공항과도 가까움), 저렴한 임대 주택 공급, 산업 단지와의 근접성 및 일자리의 비교적 풍부, 안산시에 위치한 가장 크고 오래된 고려인 마을과의 근접성 등을 언급할 수 있다. 러시아어를 사용하는 커뮤니티의 인구 증가 동향은 인천광역시 연수구에서 F-4 체류 자격을 가진 고려인의 등록 통계를 사용하여 볼 수 있다.

그림 2.2의 그래프를 통해 알 수 있듯이, 연수구 거주 고려인 인구는 2016년과 2022년 두 차례 크게 급증하였음을 명확하게 확인할 수 있다. 첫 번째는 구소련 국가의 경제 상황이 급격히 악화된 것과

그림 2.2 인천광역시 연수구 거주 고려인(F-4 체류자격)

관련이 있을 수 있으며, 두 번째는 우크라이나 사건과 관련이 있는 것으로 보인다. 한편 이미 한국에 거주하고 있는 고려인의 체류자격 변경 영향 가능성도 부인할 수 없다.

고려인 마을 발전 제1단계 민족 특별 인프라는 면적이 작고 비교적 외부와의 관계가 폐쇄적인 함박마을에서만 위치하고 있었다. 인천광역시 연수구 연수1동 연수 4단지 함박마을은 원래 고급 주택단지로 계획되었으나 난개발로 인해 저렴한 빌라와 원룸이 들어섰다. 집값이 저렴해져서 경제적으로 어려운 대학생과 남동공단의 외국인 노동자들이 주로 거주하는 가난한 지역으로 변했다. 따라서 구소련 국가에서 이주한 고려인들에게 특히 이 지역의 저렴한 집값은 매력적이었다. 이민자의 인구가 크게 증가함에 따라 '함박마을'과 연수역 사이의 인접 지역에 위치한 빌라 단지와 오래된 아파트 단지에도 러시아어권 이민자가 이주하기 시작했다. 또한, 여기에는 문남초등학교가 위치해 있어, 가족과 함께 한국에 온 많은 러시아어권 이민자에게 거주 장소를 선택하는 데 중요한 이점으로 간주될 수 있었다.

고려인 마을 중심에 위치한 문남초등학교는 다문화 학생의 비율이 상당히 높다. 2019년 문남초등학교의 총 595명 학생 중 147명이 다문화학생으로, 전체 재학생 비율의 24.57%에 달한다.[5] 2021년에는 이 수치가 증가하여 총 579명 학생 중 다문화학생이 235명이 되었고, 그 중 러시아어를 사용하는 고려인 학생이 131명이었다.[6]

---

5) 김웅기(2019). 연수구청 다문화 조례안 유명무실 우려. http://www.yeonsu.info/news/articleView.html?idxno=30840

6) 임영상(2022). [아시아의 비전을 찾아라] 고려인 육아공동체에서 '글로리아상호문화대안학교'로 … 최마리안나와 인천CIS선교센터. https://www.ekw.co.kr

2022년 이후 러시아어권 이민자의 대규모 유입으로 러시아어권 학생의 비율이 50%를 초과하였다. 문남초등학교에서는 러시아어권 학생들이 많기 때문에 교내 공지사항도 한국어와 러시아어로 병행 게시하고 있다. 이와 같은 특징은 다른 고려인 마을 근처에 위치한 초등학교에서도 자주 관찰된다. 문남초등학교는 고려인 아동 및 성인의 적응 과정을 지원하는 너머인천고려인문화원과 같은 다양한 사회단체와 활발히 협력하는 것으로 보인다. 함박마을 근처 함박초등학교에서도 많은 러시아어권 학생들이 교육을 받고 있다. 2019년 함박초등학교의 다문화학생은 총 436명 중 136명으로 전체 재학생의 24.2%에 해당했다.[7] 2022년 이후로는 50%를 넘은 것으로 보인다.

현재로서는 고려인 마을의 역사적 중심부가 확연히 구별되며, 이곳은 자연적이고 인위적인 경계로 구분된 함박마을에 위치해 있다. 함박마을은 이민자 인프라와 러시아어권 인구 밀도가 가장 높다. 또한 고려인 마을 외곽 부분은 연수역 근처까지 이어지며, 그 근처에는

그림 2.3 문남초등학교 내 한국어와 러시아어로 된 배너

/news/articleView.html?idxno=10837

7) 김웅기(2019). Op. cit.

그림 2.4 연수1동 고려인 마을의 역사적 중심부 (1) 및 외곽 부분 (2)

2018년 경 이후 새로운 이민자 인프라 중심지가 생겼다. 그래서 함박 고려인 마을이라기보다는 본 고려인 마을을 고려인 주민들이 사용하는 '4단지'나 연수1동 고려인 마을로 부르는 것이 적합해 보인다. 특히 고려인 마을은 연수구의 해당 지역 내에서 위치하고 있으며, 2018년부터는 함박 마을의 경계를 벗어나게 되었다.

또한 초기에 저렴한 임대 주택인 빌라에 거주하려고 한 러시아권 이민자들이 이제 좀 더 비싼 아파트에 거주하고 있다는 사실도 주목할 필요가 있다. 특히 아이가 있는 가족의 경우 그렇다. 그들 중 일부는 도시의 다른 지역을 선호하지만, 연수1동 고려인 마을의 연결을 여전히 끊지 않고, 특정 제품을 구입하거나 러시아어로 대화하는 친구들과 여가 시간을 보내기 위해 연수1동 고려인 마을을 자주 찾는다.

연수1동 고려인 마을 상 상업적 인프라의 밀도가 가장 높다는 점을 강조할 수 있다. 광주 월곡동과 안산 땟골 고려인 마을 제외하면 한국에서 한꺼번에 이렇게 많은 러시아 식당과 상점 간판을 볼 수 있는 곳은 없다. 업체의 다양성도 눈에 띈다. 대부분 소수민족 집단 거주지에서는 원래 그 민족과 관련 식품 상점과 전통 음식점이 많은 데 연구1동 고려인 마을에서는 빵집, 카페 그리고 휴대폰 매장 외에도, 옷가게, 인쇄소, 꽃집, 보석상점, 책방, 고려인식 샐러드 상점까지도 있다는 점이 특징이다.

그림 2.5 아동의상 전문점(상), 식품 가게(하)

그림 2.6 고려인식 반찬가게(좌), 꽃집(우)

그림 2.7 보석 상점

 연수1동 고려인 마을에는 큰 고려인 업체 체인인 'Imperia Foods', '멜니차' 및 '구르만' 상점이 있으며, 다른 국내 고려인 마을에서도 사무실이나 상점이 있는 업체도 있다. 특히 'Imperia Foods'의 경우 연수1동 고려인 마을에 모두 3개가 있다. 연수1동 고려인 마을에 러시아 식품 소비자가 많은 것으로 보인다. 외에 다른 고려인 마을에 없는 업체도 있다.

그림 2.8 Imperia Foods(상), 멜니차(하)

그림 2.9 '폴랴카' 카페(상), 상점 겸 빵집(하)

이 연수1동 고려인 마을 지역의 흥미로운 현상은 중앙아시아 특성이 강하게 드러나는 레스토랑과 상점이 많이 있다는 것이다. 지도서비스 데이터를 분석한 결과상 중앙아시아 모습을 드러내는 업체가 함박마을에서 점차 증가하는 것으로 보인다. 그러나 김해시의 '우즈베크 거리' 근처와 같이, 이슬람 교도들에게 필요한 기도의 집이 발견되지 않기 때문에 함박마을이 중앙아시아화되지 않은 것으로 설명된다. 반면에 연수1동 고려인 마을에는 많은 러시아어권 교회가 있다. 이에 따라 현재 새로운 '중앙아시아화'라고 할 수 있는 경향의 시작점에 있거나, 중앙아시아의 이주민들(고려인이 아닌)이 고려인 마을에서 식당업과 관련된 상당히 좁은 영역을 차지하고 있다고 추측할 수 있다.

그림 2.10 함박마을 한 중앙아시아식 식당

연수1동 고려인 마을에는 놀라울 정도로 다양한 엔터테인먼트 시설이 있다. 여기에는 다양한 노래방, 술집, 당구장이 있다. 최근에 YouTube에 게시된, 한 고려인 블로거가 촬영한 영상에 따르면 '4단지'엔터테인먼트 시설은 국내 고려인들에게 인기가 많다. 그래서 수도권 다른 고려인 마을 주민들이 함박마을에 자주 놀러 온다고 한다.

그림 2.11 고려인 노래방, 술집, 당구장, 클럽이 있는 한 건물

물론 현지 업소에서 돈을 사용하기 위해서는 먼저 벌어야 한다. 다른 고려인 마을과 마찬가지로 연수1동 고려인 마을에도 인력회사가 있다. 함박마을에는 현재 단 5 개의 사무소만 있지만 연수역 주변에는 많은 수의 인력회사가 있다. 또한 고려인 마을 주민들은 인력회사일 뿐만 아니라 중개인이나 SNS(FaceBook과 Telegram)을 통해서 취업을 한다.

고려인 마을의 사회문화적 인프라는 상업적인 것만큼 다양하게 보이지는 않지만, 여기서는 한국 당국과 비영리 단체들의 관심과 돌봄이 느껴진다. 위에서 고려인 마을 근처에 있는 초등학교 관련 상황을 이미 살펴봤다. 국립 학교 외에 여러 가지 도서관, 어린이집, 보건소와 학원 등이 있다. 특히 함박마을 동북에 위치한 함박종합사회복지관이 규모가 크다. 같은 건물에 있는 비류도서관에는 러시아어로 된 많은 책들을 볼 수 있다. 특히 아이들을 위한 책들이 많다.

또한 함박 마을 중심부에는 너머인천고려인문화원 사무실과 푸른 마을 함박도서관이 있으며, 여기에서는 성인과 아기를 위한 다양한 교육을 제공한다.

그림 2.12 함박종합사회복지관 및 함박비류도서관

그림 2.13 함박비류도서관의 러시아 도서(아동용)

그림 2.14 푸른마을함박도서관

한국 당국과 비영리 단체와 관련이 없는 교육기관으로 '러시아 학교'가 있다. 이들은 대부분 일반 교육 기관의 자격증을 발급하지 않는 학원식으로 주로 초등학생들이 다닌다. 중·고등학생 경우 한국 학교에 다니거나 온라인 교육을 받는다. 그 외에 러시아어권 어린이들을 위한 몇몇 스포츠클럽이 운영되고 있다.

특히, 러시아어로 예배를 진행하는 개신교 교회가 제공하는 다양한 지원에 대해서 언급하지 않을 수 없다. 함박마을 교회는 러시아어권 신도들에게 한국 사회로의 통합을 시작하는 기회를 지원한다.

그림 2.15 'Gloria' 학원 교실

그림 2.16 함박마을 골목에 보이는 러시아어권 교회 입구 모습

그림 2.17 교화와 관련 '스바보다' 러시아어권 지원센터

고려인 마을에는 몇몇 공공 공간인 공원들도 있다. 그 중 하나는 고려인 마을 북쪽에 인접한 장미근린공원이며 또 다른 공원은 문남 초등학교 인근에 위치한 문남공원이다. 그 외에 작은 2개의 공원인 함박공원과 마리공원도 있다. 이 공공 공간은 고려인 마을에 사는 고려인에게 매우 중요하다. 왜냐하면 어린이가 있는 가족들이 상당히 많기 때문이다. 마을 공원들을 거닐면 대부분 러시아어로 대화하는 소리만 들릴 정도라, 이 지역에 러시아어권 아이들이 많이 살고 있음을 실감할 수 있다. 공원의 안내판은 세 가지 또는 두 가지 언어를 사용한다. 한국어, 러시아어, 그리고 영어로 적혀있다.

다른 국내 고려인 거주지와 같이 연수1동 고려인 마을에서도 러시아어로 된 다수의 경고판이나 배너를 볼 수 있다. 이는 원주민과 당국이 러시아어권 이민자들과 소통하는 중요한 방법이기도 하다. 경고판이나 배너를 통해 쓰레기 배출 방법과 공공장소에서의 행동 규칙 등을 알리고 있다. 또한, 다가오는 문화적, 사회적 행사나 축제에 대한 정보도 많이 제공한다. 그저 좋은 기분을 전하기 위한 메시지도 종종 볼 수 있다. 연수1동 고려인 마을 경우 쓰레기 배출 방법을 자세히 설명된 쓰레기통들이 눈에 띈다.

그림 2.18 문남공원 한국어와 러시아어로 된 배너

그림 2.19 단오제에 대한 배너

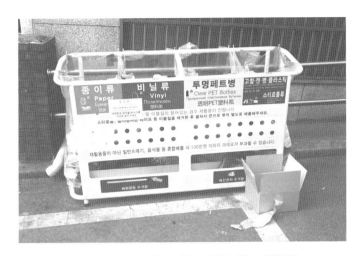

그림 2.20 폐기물 분리 배출 설명이 있는 쓰레기통

그림 2.21 오늘도 반갑다는 글이 있는 골목 벽

러시아어 표기가 있는 함박마을 지도가 있으므로 러시아어권 이
민자가 함박마을 주민으로서 인정받는다는 것을 알 수 있다. 광주,
안산 그리고 인천 고려인 마을에만 러시아어로 표기된 동네 지도가
있다.

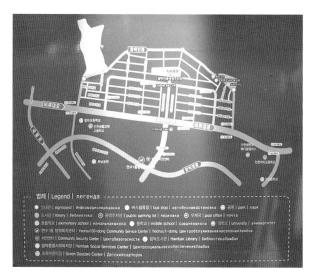

그림 2.22 러시아어 표시가 있는 함박마을 지도

연수1동 고려인 마을은 Y. Kelman 이론에 따른 12가지 외부 특성 중 10가지를 가지고 있다. 연수1동 고려인마을에 2개의 중심지가 있다. 첫 번째 중심지는 함박마을에 위치하고 있으며, 2015-2016년에경 형성되기 시작했다. 두 번째는 2018-2019년경 고려인 마을의 인구 증가로 인해 연수역 인근에 생겼다.

사회문화적 인프라는 상업적 인프라보다 비교적 발전이 덜 진행되었다. 고려인 마을 내에는 국립 초등학교 2 곳와 러시아어권 아기를 위한 어린이집, 스포츠클럽, 학원 등이 있다. 또한, 러시아어로 예배를 하는 교회도 많다. 러시아어권 신자가 있는 이 교회는 러시아어권 이민자가 한국 사회에 통합하는 것을 도와준다. 그 외에 함박마을에는 함박종합사회복지관도 설립되어 있으며, 도서관과 병원이 있다. 이러한 시설에서는 어린이와 성인용 도서가 비치되어 있어,

한국어를 모르거나, 능숙하지 못한 아이들에게도 지적·정신적 성장의 기회를 제공한다.

2023년 7월 9일 함박마을에서 열린 '고려인 문화주권선언 개막식 및 축제지원 업무협약 MOU 체결식'은 고려인 커뮤니티와 지역 주민 간의 연결을 강화하고 고려인 마을의 문화적 특성과 인식을 향상시키기 위한 중요한 행사였다. 200여명의 고려인 등 다수의 참가자가 참석한 것에서, 이 행사의 중요성을 알 수 있다. 고려인 사회와의 협력과 상호 이해를 증진시키기 위한 큰 발걸음의 일환으로 볼 수 있다.

그러나 이러한 행사가 실제로 고려인 마을의 발전과 지속가능한 미래를 어떻게 만들어 나갈지는 시간이 지나야만 알 수 있을 것이다. 선언식이나 협약은 중요한 첫 걸음이지만, 그 후의 구체적인 실행과 지속적인 노력, 다양한 이해관계자들 간의 협력이 필요하다.

3

경기도 안성시 내리
고려인 마을

안성의 내리 고려인 마을은 중앙대학교 안성시 캠퍼스 근처에 위치한다. 고려인은 2000년대 초에 안성시에 정착하기 시작한 것으로 알려져 있다. 그런데 초기 단계에서 많은 고려인들이 이른바 '버스터미널' 지역인 도심 부근에 거주해 왔다. 그러나 시간이 지나면서 대덕면 내리에서 새로운 소수민족 집단거주지가 생겨났다.

안성시청 데이터에 따르면 안성시에 거주하는 구소련 국가 출신 시민의 수가 2008년, 2014년, 2016년에 크게 증가한 것으로 보인다.[1] 필자의 개인적인 관찰로 현지 주민들을 볼 때 내리 고려인 마을의 형성은 2016년 이후로 발전하기 시작했으며, 2022년에 다시 한 번 인구가 급증하면서 대덕면 내리의 고려인 집중도가 더욱 높아졌다.

---

1) 안성시청 웹사이트. https://www.anseong.go.kr

그림 3.1 대덕면 내리 고려인 마을 위치(출처 : Google Maps)

2022년 말까지 안성시에 거주하는 고려인의 총 수는 3,632명에 달했다.[2] 그들의 비율이 도시 전체 인구의 1.8%에 불과하더라도, 국내 평균인 0.15%보다는 훨씬 높다. 따라서 안성시에서의 고려인의 집중도는 국가 평균의 10배에 달한다.

대다수의 고려인은 약 0.43km²의 주거 개발 지역인 대덕면 내리에 거주하고 있다. 내리 고려인 마을은 세 면이 밭으로 둘러싸여 있고, 북동쪽은 중앙대학교 안성 캠퍼스와 밀접하게 접해 있다.

---

2) https://www.immigration.go.kr

그림 3.2 대덕면 내리의 대략적인 주거 개발 지역(출처 : Google Earth)

이 지역에 거주하는 고려인의 정확한 수에 대한 특정 정보는 공개되어 있지 않다. 하지만 대덕면에서는 외국인 수가 총 3,310명으로 가장 많으며, 그 중 642명이 우즈베키스탄 국적이고, 다른 1,474명의 국적은 명시되어 있지 않다. 이 정보를 바탕으로 대략 2,000명 정도가 구소련 국가의 시민일 수 있으며, 이들 대부분이 고려인일 가능성이 높다는 것을 알 수 있다. 이러한 결과를 총 인구 18,800명에 대입해 보면, 이는 약 10%에 해당한다. 이는 도시 평균보다 훨씬 높은 수치다[3].

필자의 관찰에 따르면, 대덕면 내리 내에서 러시아어를 사용하는

---

3) 안성시청 웹사이트. Op. cit.

주민들이 가장 집중되어 있는 지역은 광덕초등학교 근처이다. 이 학교의 교사들로부터 얻은 정보에 따르면, 2022년 11월에는 240명의 재학생 중 200명이 외국인이었고, 그 중 173명이 러시아어권 학생이며, 고려인은 154명으로 확인되었다.

그림 3.3 대덕면 내리 러시아어권 주민 밀도가 높은 지역이다. 광덕초등학교는 화살표로 표시되어 있다.(출처 : Google Earth)

상업적 인프라와 사회문화적 인프라의 주요 부분은 내리 고려인 마을 내에서 편리하게 도보 거리에 위치해 있다. '임페리아Immperia'와 '아보씨카Avoska'와 같은 체인점뿐만 아니라 '타쉬켄트Tashkent', '판타지아Fantasiya', '먀쓰노이 우골로크Myasnoy ugolok', '보스토크Vostok 등의 현지 소매점도 있다. 식료품점은 러시아어권 고객을 위한 휴대폰 통신 가게, 미용실, 전당포, 인력회사 등과 인접해 있다. 일부 편의점은 비자 유형 변경과 공증 번역 등 서비스를 제공한다. 또한, '러시아 카페 '맛있어'Russian Cafe Masisso', '모스크바 당구 클럽Billiard Club Moscow', '제1번 러시아 빵집1st Russian Bakery'와 같은 '러시아식'이라는 표현을 사용하는 사업체도 있다. 체인점인 임페리아의 경우 러시아 말고 '유럽식' 표현을 사용하기도 했다. 그래도 고려인 마을 민족 업체 중 대다수는 두세 언어로 된 표지판을 사용하며, 그중 하나는 러시아어이다.

그림 3.4 내리 고려인 마을 식료품점

그림 3.5 내리 고려인 마을 카페

　내리 고려인 마을 중심부에 위치한 '제1번 러시아식 빵집1st Russian Bakery'는 독특한 러시아 스타일로 눈에 띈다. 카페 간판은 이른바 조스토보 그림 스타일로4) 디자인되었고, 내부는 마트료쉬카5), 사모바르6) 등. 러시아의 기타 상징물로 장식되어 있다. 카페의

---

4) 조스토보 그림(러시아어: Жостовская роспись)은 금속 쟁반에 그림을 그리는 러시아 전통의 민속 공예로, 현재도 모스크바 주의 조스토보 마을에서 생산되고 있다.

5) 마트료쉬카(러시아어: матрёшка)는 나무로 만든 러시아 인형이다.

주인인 고 알레크세이Kogai Alexey는 우즈베키스탄 출신의 고려인으로, 러시아 시민권을 가지고 있다. 내리 고려인 마을에 있는 빵집은 고 알레크세이의 세 번째 빵집이며, 다른 두 집은 고려인들 많이 거주하는 안산과 평택에 위치해 있다. 고 알레크세이 씨는 빵집이 원래 안성의 중심부에 개장하였지만, '내리'에 고려인 인구가 급증해서 2022년에 빵집을 이동하기로 결정했다고 언급했다. 고 알레크세이

그림 3.6 '제1번 러시아 빵집'의 간판과 내부 모습

씨에 따르면 현재 위치는 바로 이른바 '퍄타크pyatak' 근처에 있다.

'퍄타크'라고 불리는 교차로는 안성시의 한국 기업들이 주간 또는 야간 근무를 위해 임시 및 상시 근로자들을 태우거나 내려주는 장소로 사용된다. 근로자 근무 시간은 최대 12시간까지 이어질 수 있다. 초기에 많은 고려인들이 도시 주변의 농장에서 주로 배, 사과, 포도 밭에서 일했다. 한 현지인에 따르면, 경험이 많은 배 농장 근로자는 성수기 동안 약 10,000달러를 벌 수 있다고 했다. 그러나 Telegram 의 특별한 채팅 그룹을 통해 공유된 채용 공고를 바탕으로 보면, 고려인 마을 주민들은 여러 공장, 건설 현장, 물류 회사, 케이터링, 호

그림 3.7 '비르쟈birzha'(회색 선), '퍄타크'(검정 동그라미 부분)

텔(청소), 그 외 다른 산업에서도 일하는 것으로 보인다. 많은 이민자들은 '비르자birzha'라고 불리는 인력회사와 같은 중개인을 통해 일자리를 찾는 것을 선호한다. 주변 지역에 일자리가 있는가는 고려인 마을 형성에 중요한 요소일 것으로 추정된다.

내리 고려인 마을의 형성에 영향을 미친 두 번째 요인은 저렴한 부동산이다. 주로 적은 보증금과 월세로 임대되는 1-2-3룸 형태의 빌라가 많다. 사실 이런 빌라 마을은 대학 캠퍼스 주변에 종종 위치해 있어, 시민권에 상관없이 학생을 포함한 이주 노동자들에게 저렴한 임대 주택 옵션으로 매력적이다.

그림 3.8 내리 고려인 마을 빌라식 주거지 모습

내리 고려인 마을의 사회문화적 인프라는 제한적이고 개발이 미흡하다. 초등학교와 그에 부속된 유치원 외에, 관찰 시점에 기록된 시설은 이른바 다함께 돌봄센터 뿐이었다. 현지 고려인 거주자에 따

르면 방과 후 보육이나 아이들을 위해 추가적으로 이루어지는 언어 교육은 거의 없다. 그러나 최근 상황이 다소 개선되었다. 내리안 다 문화가족지원센터가 설립되면서 고려인 가족들과 러시아어권 이주 노동자들을 위한 한글교실이 생겼다. 이주배경아동청소년을 대상으 로 한 한글교실도 운영되고 있다. 또한 2023년 6월 30일 경기도 안 성시 고려인 주민 지원 조례가 제정되었으므로 고려인을 위한 지원 과 혜택이 더욱 늘어날 것으로 보인다.

그림 3.9 안성시 대덕면 내리안 다문화가족지원센터

안성시 대덕면 내리에서 러시아어로 예배를 제공하는 3개의 교회 를 발견했다. 교회들은 종종 별도의 소수민족 집단거주지 내에서 고 려인 공동체를 구성하는 플랫폼 역할을 한다. 내리 고려인 마을에서 이러한 공동체를 구성하기 위한 전제조건들은 이미 있었다. 예를 들 어, 2022년 말에 '안성시의 엄마들'이라는 그룹이 외부 후원자와 다 른 도시 자원봉사자들의 참여로 내리 고려인 마을 아이들을 위한 크

리스마스 파티가 개최한 바 있다.

그림 3.10 2022년 12월 25일 내리 고려인 마을 크리스마스 파티

내리 고려인 마을은 Y. Kelman이 제안한 소수민족 집단거주지 12개의 외부 특성 중 7개를 갖고 있다. 고려인 마을의 러시아어권 주민들은 수많은 표지판과 공지를 통해 그들의 존재를 보여준다. 또한, 슬라브계 남성과 여성, 그리고 파미르-페르가나 인종의 대표자들의 존재가 소수민족 집단거주지의 독특한 모습을 더한다.

수집된 전체 데이터를 바탕으로, 내리 고려인 마을은 '지경형'이라고 주장할 수 있으며, 점차 발달된 민족 인프라와 활발한 현지 공동체가 있는 '온실형'의 소수민족 집단거주지로 진화되고 있다.

4

충청남도 아산시 신창면 읍내리
고려인 마을

아산시는 충청남도 북서부에 위치하며, 전체 면적은 542.2km²이다. 아산시청에 따르면 2023년 6월 현재, 인구는 369,966명으로, 그중 32,616명이 외국인이었다.[1] 따라서 아산의 외국인 비율은 전체 인구의 8.82%로 다민족도시라고 해도 과언이 아니다. 또한 법무부 자료에 따르면 아산시에 거주하는 외국인 중 7,709명은 구소련 국가 출신 고려인으로, 전체 인구의 2.08%를 차지한다. 이는 전국 평균 수준보다 훨씬 높은 수치다.

아산은 수도권에 인접해 있으며, 서울과는 철도로 연결이 잘 되어 있다. 지하철뿐만 아니라 고속열차인 KTX도 운행되고 있어 교통 접근성이 매우 뛰어난다. 이는 버스 또는 자가용으로만 접근 가능한 안산의 사례와 대조적이다.

아산에는 다양한 산업 제품의 제조업체와 건설 회사들이 발달해 있다. 반면 농업은 그렇게 발달하지 않았으며, 농업에 종사하는 인력도 그다지 많지 않다. 발달한 서비스 산업과 함께 이러한 상황은

---

[1] 아산시청 웹사이트. 인구현황. https://www.asan.go.kr/stat/population

건설 현장이나 공장에서 일하는 것을 선호하는 노동 이민자들에게
충분한 일자리를 제공한다.

2015-2016년 경 신창면 읍내리에서 고려인 마을이 형성되기 시작
했을 것으로 추정된다. 구소련 국가들로부터 이주한 고려인들의 정
확한 수에 대한 확실한 데이터는 없지만, KOSIS 웹사이트에는 2013
년부터 2017년까지 아산에 거주하는 해외 동포들의 수에 대한 데이
터가 있다. 이 데이터에 따르면, 지적한 시기에 급격한 증가가 있었
던 것으로 보인다. 게다가, 2016년부터 출신 국가 별로 4개의 그룹
으로 데이터가 제공되며, 이 중에서 중국, 미국, 캐나다, 그리고 기타
로 분류된다. 가장 많은 해외 동포들이 중국, 미국, 일본 및 구소련
국가에 거주하고 있으며, 일본에서 아산으로의 대량 이주는 그리 기
대하기 어렵기 때문에 '기타' 국가 출신 해외동포들은 고려인으로
추정할 수 있다.

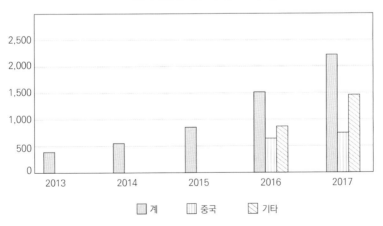

그림 4.1 아산시 신창면 거주 재외동포 인구 증가 동향

위 표에서 볼 수 있듯이, 일부 중국계 고려인들이 신창면에 거주하고 있음에도 불구하고, 2017년에는 대부분의 '기타' 국가 출신 재외동포, 즉 구소련 국가들에서 온 고려인들의 수가 크게 증가했다.

동시에 러시아와 중앙아시아 세 국가(우즈베키스탄, 카자흐스탄, 키르기스스탄)에서 온 이민자의 수도 증가하였는데, 이는 아래의 표에서도 명확하게 확인할 수 있다. 주로 우즈베키스탄에서 온 이민자의 수가 크게 증가했지만, 2016년부터는 카자흐스탄과 러시아에서 온 이민자의 수도 점점 늘어나고 있었다. 이는 F-4 비자로 입국한 고려인들의 증가 때문일 것으로 추정된다.

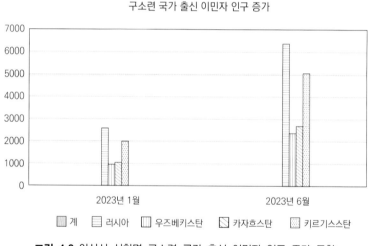

구소련 국가 출신 이민자 인구 증가

그림 4.2 아산시 신창면 구소련 국가 출신 이민자 인구 증가 동향

2017년 이후로 러시아와 키르기스스탄 출신의 외국인 수에 대한 구체적인 통계 데이터가 누락되어 있기 때문에 신흥읍의 러시아어 공동체의 규모를 현재 정확하게 평가하는 것은 어렵다. 그러나 아산

시청 행정의 공식 블로그에 따르면, 2022년 초에 신창면에 거주하던 7,656명의 외국인 중 80%는 러시아권 이민자였으며, 아산시 신창면 총인구(27,910명)의 약 22%를 차지했다[2]. 이러한 비율은 여기서 소수민족 집단거주지를 형성하는 데 충분하며, 통계에서 기록된 아산의 많은 고려인 인구를 고려할 때, 지역 내 고려인 마을이 존재한다고 말할 수 있다.

신흥면에서 러시아어 사용 인구가 가장 많이 분포하는 곳은 읍내리로, 신창역에서 버스로 단 10분 거리에 있다. 또한, 여기에는 순천향대학교 인근에 임대료가 저렴한 빌라 단지들도 몇 군데 위치해 있다.

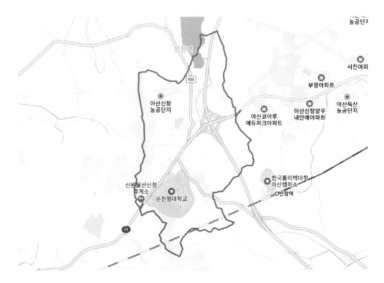

그림 4.3 아산시 신창면 읍내리(출처 : 카카오맵 https://map.kakao.com)

---

2) 문영호(2022). 아산시, 통역 직원 채용으로 외국인 행정편의 앞장. https://blog.naver.com/PostView.nhn?blogId=asanstory&logNo=222662887355

읍내리 살림집은 주로 저층건물이며 사방이 농지로 둘러싸여 있다. 남쪽으로 순천향대학교 캠퍼스에 인접해 있다. 소수민족 집단거주지의 전체 면적은 약 0.35km²이다. 민족 사업체 인프라의 주요 부분은 소수민족 집단거주지를 가로지르는 고속도로 근처에 위치하며, 이 고속도로로 인해 집단거주지는 거의 같은 크기의 두 부분으로 나뉘어 있다.

네이버 지도와 카카오 맵 데이터에 따르면, 러시아어를 사용하는 이민자들을 대상으로 한 카페와 상점들이 소수민족 집단거주지의 북서쪽 부분에서 처음 나타나기 시작했다. 이는 러시아어권 학생들

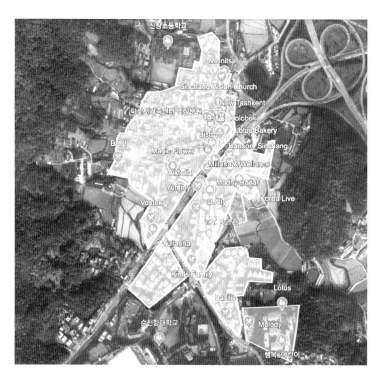

그림 4.4 아산시 신창면 읍내리 고려인 마을 약도

그림 4.5 외국인 학생 입학 관련 경고판(2023년 2월 촬영)

이 많이 다니는 신창초등학교의 위치 때문인 것으로 보인다. 2023년 초 기준 신창초등학교교의 504명의 학생 중 282명. 즉 56%는 외국인이며 대다수는 러시아어권 학생들이다.[3] 2023년 초기까지 학교에서는 다문화 가정의 아이들을 위한 특별 한국어 학습 클래스가 3년 동안 운영되었으며, 학생들은 이 과정으로 매일 2시간 동안 한국어 수업을 받았다. 관계자에 따르면 이는 아이들이 한국에서 적응하는 데에 큰 도움이 되었다. 매년 35-45명의 아이들이 이 한국어 클래스에서 교육을 받았으며, 주말에는 한국 문화에 대한 기본적인 교육도 받고 있었다. 학교의 대다수 학생들이 러시아어를 사용한다는 사실은 학교의 관계자가 인터뷰에서도 언급된 바 있다. 외국인 학생 입

---

3) 윤상문(2023). [스트레이트] '인구 절벽' 낮추는 이주민들‥'우리는 함께 살 준비가 됐나'. https://imnews.imbc.com/replay/straight/6445865_28993.html

학 관련 경고판(배너)도 러시아어로만 되어 있는 사실을 감안하면 러시아어권 재학생 수가 많은 것은 확실해 보인다.

이외에도 소수민족 집단거주지 내에는 아산시 다문화가족 지원센터의 신창분원이 운영중이며, 아이들과 어른들을 대상으로 다양한 언어 교육을 제공하고 있다. 또한, 읍내리에는 한국이민자지원센터가 있는데, 이 센터 내에서는 Rainbow School이 있어 아이들에게 한국어와 문화 교육을 제공하고 있다. 2022년에는 신창면 읍내리에

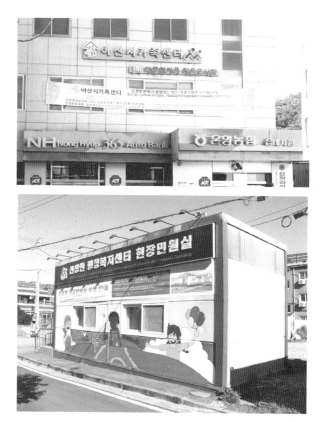

그림 4.6 아산시 다문화가족 지원 센터의 신창분원(상), 신창면 현장민원실(하)

서 고려인 청년들을 위한 특별한 교류 공간인 신창고려인청년모임도 개설되었다. 또한 아산 신창면이 2023년 9월부터 외국인들을 위한 현장민원실을 운영한다.

2018년부터 러시아어로 예배를 진행하는 '비전' 교회는 소수민족 집단거주지의 중요한 사회문화적 인프라 일부이다. 대한민국의 다른 러시아어권 이민자 집단 거주지에 위치한 많은 교회들처럼 '비전' 교회도 교인들에게 한국어 수업을 무료로 제공한다. 특히 교인 수를 늘리기 위해 청년들을 대상으로 하는 사업을 많이 하는 것으로 보인다. 2021년과 2022년, 교회는 옆 건물의 상층 부분으로 확장하게 되었는데, 이는 러시아어권 이민자 공동체의 성장을 고려한 변화였다. 교회 근처에는 열방교회라는 이른바 다민족 교회가 위치해 있으며, 얼마나 인기가 있는지는 확실하지 않지만, 한국어와 러시아어로 된 간판은 러시아어권 신자의 관심을 이끌려는 의지를 잘 보여준다.

그림 4.7 '비전' 교회 본관(좌), 러시아어로 된 교회 행사 시간표(우)

그림 4.8 열방교회

고려인 마을이 형성되기 위해서는 저렴한 부동산과 초등학교 같
은 기본적인 사회문화적 인프라 외에도 고려인 이민자들을 위한 채
용 대행업체나 서류 처리를 도와주는 회사가 필요하다. 왜냐하면 러
시아어를 사용하는 많은 이민자들이 한국어를 충분히 구사할 수 없
어, 정부 기관이나 고용주와 직접 의사소통하기 어려운 상황이기 때
문이다. 아산시 신창면 읍내리에서는 이러한 업체들이 소수민족 집
단거주지의 여러 곳에 위치하고 있다.

이민자들이 F-4 비자 상태로 체류자격을 변경하기 위한 특정 교
육 서비스를 제공하는 기업도 고려인 마을의 중요한 특징 중 하나
다. F-4 비자는 오로지 고려인에게만 가능한 것으로, 이것은 이민자
들이 한국에서의 체류와 고용 기회를 확대하고 개인의 사회적 및 경
제적 활동을 확장할 수 있게 해주는 비자 종류이다. 따라서 한국에

서의 장기 체류와 취업을 원하는 고려인 이민자들에게는 한국어 능
력 테스트, 한국 문화 및 역사에 관한 교육, 여러 가지 전문 교육도
필요하다. 이런 교육을 제공하는 학원은 고려인 마을에 흔히 있으며,
아산시 신창면 읍내리에서도 그 간판들이 눈에 띈다.

그림 4.9 '신창 오피스'(상), '유경인력'(하)

그림 4.10 F-4 비자를 발급하기 위한 교육과 대행 서비스를 제공하는 '신창기술학원'

이민자 사업체에 대한 설명으로 넘어가기 전에, 기존에 언급한 도로가 이 지역을 두 부분으로 나누는 것에 대해 다시 한 번 강조하고 싶다. 지도 서비스의 데이터에 따르면, 이 지역의 북부에 처음으로 'Max Fusion'이라는 러시아식 카페가 생겼다. 이 카페는 2015년 12월 초까지 영업했으며, 2020년부터는 그 자리에 '알리얀스'라는 카페가 운영되고 있다. 거의 동시에 근처에 '태쉬켄트'라는 식료품점도 생겼는데, 이 식료품점은 코로나-19 전염병 기간 동안 'New Tashkent'로 이름을 바꾸었다.

이러한 초기 사업체의 등장은 이 지역의 러시아어 사용 커뮤니티가 점차 활성화되고 있음을 보여준다. 이들 사업체는 고려인 마을의 주민들에게 필요한 상품과 서비스를 제공하면서 커뮤니티 내에서 중요한 사회적 및 경제적 역할을 한다. 또한, 이들 사업체의 성장과

발전은 이 지역에 거주하는 러시아어 사용자들의 수와 경제력이 증
가하고 있음을 반영하는 것이다.

그림 4.11 'Max Fusion' 러시아 식당 2015년 모습(상 출처 : 카카오맵 로드뷰
https://map.kakao.com) '알리안스'라는 카페 2023년 모습(하)

그림 4.12 '태쉬켄트'라는 식료품점 2016년 모습(상 출처 : 카카오맵 로드뷰
https://map.kakao.com) 'New Tashkent' 2023년 모습(하)

　현재, 이 지역에는 '멜니차'라는 큰 체인 상점이 위치하고 있다.
이 상점은 2021년의 코로나-19 전염병 시기에 읍내리에 입점했다.
2023년, 큰 도로 남쪽에 위치한 이 주요 상점은 인접한 공간을 확장
하며, 사업을 확대하였다. 흥미롭게도, 'Imperia Foods'와 같은 다른

큰 체인 브랜드는 이 지역에서 자리를 잡지 못하였는데, 이 브랜드의 매장도 '멜니차'와 거의 동시에 개점했다. 큰 체인들 외에도, 고려인 마을에서 인기 있는 빵집 겸 상점 형태의 사업체도 고려인 마을에 위치하고 있다. 그 예로 '로토스'와 '콜로복' 같은 상점들이 있다.

그림 4.13 '멜니차' 체인점

그림 4.14 '콜로복' 상점 겸 카페 겸 빵집 및 '신창인력'

신창면 읍내리 소수민족 집단거주지의 특징 중 하나는 다양한 의류 상점들이 있는 것이다. 다른 고려인 마을에서 대부분의 주민들은 여러 가지 체인점에서 옷을 구입하는 경향이 있는데 여기는 현지 옷 가게도 선호하는 것으로 보인다. 그 원인 중 하나는 읍내리 도보 거리에 큰 쇼핑몰이 없기 때문일 수 있다.

그림 4.15 '모드늬 바자르' 옷가게

신창면 읍내리 고려인 마을에는 러시아 카페가 그리 많지 않으며, 대부분 작은 간식점 형태로 많은 손님들을 수용할 수 없다. 아마 유일한 예외는 'Viktoria' 카페-바와 'Basilic' 카페일 것이다. 러시아어로 엔터테인먼트 시설을 언급하면 'Altair' 당구 클럽만 있다. 그럼에도 이 지역에는 러시아어로 광고하고 러시아어로 응대하는 몇몇 뷔페식 이 식당들은 이민자들에게 인기 있는 편이다. 그러나 이러한 현상이 여전히 읍내리를 이른바 '빵 소비자들'이 주로 거주하는 지역으로 변화시키는 과정을 멈추진 않는다.

그림 4.16 'Viktoria' 카페 겸 술집

그림 4.17 러시아어로 된 간판이 있는 한국 뷔페식 식당

　　아산시 신창면 읍내리에 많은 러시아어권 이민자가 거주한다는
중요한 증거는 러시아어로 된 경고판과 배너다. 당국이 현지 한국
주민들과 러시아어를 사용하는 커뮤니티와 '대화'를 나누기 위해 사
용한 것이다. 이런 경고판과 배너들은 세 가지 종류로 나눌 수 있다.

① 범죄를 저지르지 않도록 경고하는 것, ② 제품 및 서비스에 대한 정보를 제공하는 것, 기타, 여러 가지 슬로건이다.

첫 번째 종류는 가장 널리 퍼져 있으며, 폐기물 처리 규칙, 법률 위반 경고, 공공시설에서의 행동 규칙 등에 대한 정보를 제공한다. 이러한 정보 배너들은 대체로 여러 외국어로 작성되어 있으며, 종종 큰 오류가 포함되어 있어 이해하기가 어려운 경우가 많다.

그림 4.18 법률 위반 예방 관련 배너(한국어, 러시아어, 중국어, 베트남어, 영어)

그림 4.19 폐기물 배출 규칙 관련 경고판(한국어, 러시아어)

두 번째 종류인 광고판은 고객을 유치하기 위해 다양한 기업체가 사용한다. 일반적으로 광고주의 시설 바로 옆에 위치해 있다. 러시아어를 사용하는 사업자들이 게시한 광고도 볼 수 있다.

그림 4.20 부동산 광고 관련 배너(한국어, 영어, 러시아어)

그림 4.21 '고려 모토'라는 자동차 중개사 광고지

세 번째 기타 슬로건은 대부분 실질적인 정보를 가지고 있지 않으며, 이웃과의 우호적인 관계를 촉구하거나 중요한 명절을 축하하는 메시지를 전달 한다.

그림 4.22 이웃과 우호적인 관계를 지지하자는 배너(한국어, 러시아어, 영어, 중국어)

고려인 마을의 독특한 이미지를 형성하는 또 다른 요인은 보행자의 외관이다. 연구의 현장 답사 단계 동안 필자는 고려인 마을에서 동유럽 및 중앙아시아 국가 출신 이민자를 많이 관찰하였으며 대한민국의 원주민들의 옷 스타일과 크게 다른 고려인들을 다수 확인했다.

따라서 아산시 신창면 읍내리에서의 현장 조사 단계에서는 자연적 지형과 저층 건물에 의해 꽤 명확한 경계를 형성하는 상당히 큰 고려인 마을이 확인되었다. 이 구소련 국가 출신 소수민족 집단거주지를 두 부분으로 동등하게 나누는 고속도로가 지나간다. 카카오 맵과 네이버 지도 서비스를 사용한 초기 지역 조사는 고려인 마을 초기 중심이 2015년 경 고속도로 북쪽에서부터 형성되기 시작했다고 볼 수 있다. 이 부분에 신창초등학교가 있기 때문이다. 통계 데이터에 따르면 2015년에서 2016년 사이에 신창면 고려인 인구가 처음으로 크게 증가했다. 그 후 계속된 연간 증가 읍내리를 대한민국에서 가장 인구 밀도가 높은 고려인 마을 중 하나로 변모시켰다. 현재 아산에는 7,709 명의 고려인이 살고 있으며 그 중 상당수가 신창면 읍내리에 집중되어 있다.

신창면 읍내리 고려인 마을이 형성된 주요 원인은 다음과 같은 요인들의 조합이다. ① 저렴한 부동산, ② 신창면의 산업 및 기타 기업에서의 노동력 부족, ③ 상대적 교통 편리성(지하철). 읍내리에서 첫 번째 민족 사업체 인프라가 등장하자 신창면의 고려인 인구가 급격히 증가하여 민족 사업체 인프라의 발전을 촉진하였다. 아산시청은 현지 고려인 커뮤니티 역할을 긍정적으로 평가하고 고려인 이민자가 생기는 문제에 주의 깊게 대응하고 있는 것으로 보인다. 예를 들면, 2022년 7월 아산시가 신창면 행정복지센터에 러시아어 직원을 배치한 적도 있다.[4]

결론적으로 아산시 신창면 읍내리의 고려인 마을은 Y. Kelman 이론에 따른 12가지 외부 특징 중 7개가 나타난다고 볼 수 있다. 고려인들은 다른 외국인들에 비하여 압도적으로 높은 비율을 차지하고 있으며, 아산시 통계에 따르면 현재 신창 행정동 인구의 20% 이상을 차지하고 있다.

---

[4] 박지현(2022). 아산 신창면, 러시아어 직원 배치 98% '만족'. http://www.goodmorningcc.com/news/articleView.html?idxno=275213

그러나 현지의 러시아어권 동포 커뮤니티는 아직 활발한 사회 활동을 추구하고 있지는 않다. 예를 들면, 9월 9일부터 10일까지 열린 국제민족무용축제에는 구소련 출신 국가 중 어느 국가의 대표도 참가하지 않았다.[5] 이러한 사실들로 신창면 읍내리 고려인 마을 발전 단계가 '지경'인 것으로 볼 수 있다.

---

5) 아산시청 웹사이트. 공지사항. 아트밸리 아산 제1회 국제민족무용축제 안내. https://www.asan.go.kr/main/cms/?tb_nm=city_news_notice&m_mode=view& pds_no=2023081717074775973&category=&PageNo=1&no=131

5

충청북도 청주시
고려인 마을

청주시는 충청북도에 위치하며 전체 도시 면적은 941km²다. 2023년 6월 기준으로 그 인구는 850,168명으로, 그 중 22,230명은 외국인이었다.[1] 2003년에 처음 청주에 온 정보제공자에 따르면, 구소련 국가들에서 온 고려인은 2000년대 초반부터 청주시에 정착하기 시작했다. 다른 고려인 마을처럼, 봉명1동과 사창동에서도 이민자 집단 거주지를 형성하기 위한 두 가지 주요한 조건이 존재한다. 풍부한 일자리와 저렴한 부동산이다. 또 구소련 국가 출신 노동 이민자 중 새로운 신자를 유치하려는 현지 기독교 선교사들도 고려인 마을이 형성하는 데에 주요 역할을 한 것으로 보인다.

충북대학교 캠퍼스의 근접성으로 임대료가 저렴한 주택이 보장되었다. 게다가 2015년에는 1,400명을 살 수 있는 새로운 학생 기숙사가 지어졌는데,[2] 이로인해 주변의 임대 주택에서 학생들이 빠져나

---

1) 청주시청 웹사이트. https://www.cheongju.go.kr
2) 이재기(2014). 충북대학교, 1400명수용 신축 기숙사 완공. https://www.gukje news.com/news/articleView.html?idxno=182968

가면서 러시아어권 이민자가 쉽게 정착할 수 있게 되었다.

한국의 지도 서비스에 따르면, 대략 2016년부터 이 지역의 고려인 사업체를 확인할 수 있다. 이것은 이민자 집단의 밀도가 안정적인 소비자 흐름을 형성하기에 충분해졌음을 시사한다. 많은 외국인 재학생으로 인해 다문화로 지정된 봉명초등학교가 있는 길을 따라 집중되어 있다.

그림 5.1 충북 청주시 흥덕구 봉명1동(출처 : 카카오맵 https://map.kakao.com)

사창동도 서서히 러시아어권 이민자들에게 중요한 중심지가 되기 시작한다. 사창동에서도 대략 같은 시기에 러시아어권 이민자들을 위한 카페와 상점들이 생겨나기 시작했다.

그림 5.2 충북 청주시 서원구 사창동(출처 : 카카오맵 https://map.kakao.com)

대한민국 통계 데이터에 따르면, 2016년까지 청주시뿐만 아니라 전체 충청북도에서의 고려인 인구는 굉장히 적었다. 2015년에는 충청북도에서 러시아 및 중앙아시아 국가들로부터 온 고려인이 총 428명뿐이었으며, 그 중 67명이 한국 국적을 취득했다.[3] KOSIS 포털에 따르면 2016년 중국, 미국, 캐나다를 제외한 외국 동포 수가 967명이었지만, 2017년에는 1,492명으로 증가했다. 이 숫자는 '기타 국가'에서 오는 외국 동포에 해당되지만, 대부분 고려인으로 추정된다. 이 정보는 장 류보위 대한고려인협회 청주지부장과의 인터뷰에서도 확인되었다. 따라서 청주시에서 고려인 인구의 첫 번째 주요

---

3) 최근 5년간 충북지역 외국인 통계(2016). 보도 자료. 충청지방통계청.

증가는 2016-2017년 사이에 발생했다고 볼 수 있다.

또한, 정의한 고려인 마을의 성장을 평가하기 위한 또 다른 지표는 독립국가연합 CIS국가들로부터의 이민자 인구다. 단 청주시청 웹사이트 데이터에는 2015년부터 2018년까지 카자흐스탄 이민자 수에 대한 정보가 없다.

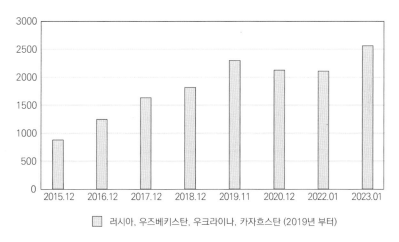

러시아, 우즈베키스탄, 우크라이나, 카자흐스탄 (2019년 부터)

그림 5.3 러시아, 우즈베키스탄, 우크라이나 그리고 2019년부터 카자흐스탄 청주시 거주 이민자수 동향

위 표에서도 2015년 말부터 2019년 말까지 지속적으로 증가하는 추세를 볼 수 있다. 2020년부터 코로나-19 전염병 팬데믹으로 인해 약간 감소했으나 2023년 1월부터 다시 증가하는 추세를 보인다, 2023년 1월 현재 청주시에 거주하는 구소련 국가 4개 국가(러시아, 우즈베키스탄, 우크라이나 및 카자흐스탄)로부터 온 이민자 인구는 2,561명으로, 전체 도시 인구의 약 0.3%를 차지한다. 동시에, 소수민족 집단거주지의 중심인 봉명1동 지역의 외국인 수는 같은 시기 947명으

로, 전체 인구의 약 9%를 차지한다. 2021년 봉명1동 주민센터의 데이터에 따르면 봉명1동의 러시아어권 이민자 수는 모든 외국인 대비 75%정도로 추정되었다.[4) 그리고 필자는 러시아어권 이민자의 비율이 그 이후로 증가했을 것이라 확신하고 있으며, 대략적인 계산에 따르면 지역 주민의 약 7%정도 러시아어권 이민자로 이루어져 있다고 주장한다. 그리고 그들 중 상당수가 고려인이다.

2023년 6월 흥미로운 통계 현상이 기록되었다. 청주에 거주하는 러시아, 우즈베키스탄, 우크라이나 및 카자흐스탄에서 온 이민자 수가 갑자기 6,345명으로 증가했고, 봉명1동의 외국인 수는 2,360명으로 증가한 것이다. 2023년 초에는 각각 2,561명과 947명이었다. 이런 급격한 증가의 원인은 명확하지 않지만, 이러한 데이터를 바탕으로 볼 때 봉명1동의 외국인 비율은 20% 이상으로 늘어났다. 그 중 75% 이상 러시아어권 사람이라면, 그들의 비율은 대략 15% 정도로 추정된다.

비슷한 상황이 남쪽에 있는 사창동에서도 발생하고 있다. 2023년 1월에 이곳의 소수민족 집단거주지에서 등록된 외국인 비율은 약 7% 또는 1035명이었다. 그러나 2023년 6월에는 갑자기 2.5배로 증가하면서 동시에 이곳에 거주하는 고려인의 수가 감소하였다. 결과적으로 외국인의 비율은 15% 또는 2,676명에 달했다. 그 중 얼마나 많은 부분이 러시아어권 이민자인지 파악하기는 어렵지만 그 수가 적지 않을 것으로 추정된다.

---

4) 권영석(2021). 청주에 고려인들이 많구나. https://www.ccreview.co.kr/news/articleView.html?idxno=309760

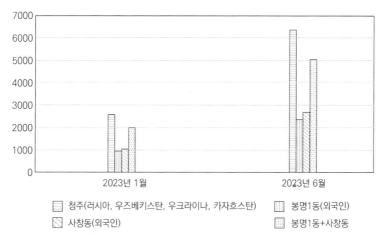

그림 5.4 청주시 구소련 국가 출신 이민자의 '비정상적인' 증가

　2022년 6월부터 2023년 6월까지의 법무부 통계에 따르면 구소련 지역의 네 나라에서 온 고려인 인구는 그리 크게 증가하지 않았다. 즉 2022년 3,114명에서 2023년 3,745명으로 또는 20.25% 증가했지만, 2023년 상반기 동안 청주시에 등록된 구소련 지역의 네 나라의 외국인 수가 바로 168.86% 급증한 것을 감안하면 재미있는 현상이라고 생각한다.

　소수민족 집단거주지의 명확한 경계의 부재로 인해 이를 구별하는 것이 어렵다. 그러나 민족 사업체 인프라의 집중으로 미루어 고려인 마을의 중심부를 추측할 수 있으며, 그 면적은 약 0.45km²이다. 러시아어권 이민자를 위한 대부분의 상점, 카페, 교육 기관은 봉명초등학교 부근의 한 거리에 위치하고 있다.

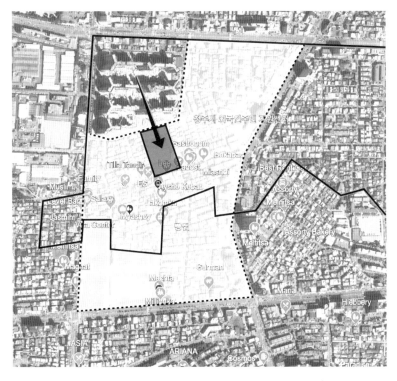

그림 5.5 고려인 마을 중심부(점선) 및 봉명초등학교(화살표)

　중심부 외에 서쪽, 동쪽, 그리고 남쪽에서도 러시아어권 이민자들이 대거 거주하는 지역을 찾을 수 있다. 서쪽과 남쪽 지역에서는 민족 사업체의 존재가 확인되었다. 청주시 내에서 러시아어권 이민자들의 분포를 살펴보면, 그들의 대부분은 봉명1동과 사창동 두 지역에 거주하고 있다는 것을 알 수 있다. 따라서 고려인 마을의 명확한 경계가 없음에도 불구하고, 그것이 봉명1동과 사창동의 경계 내에 있으며 중심부는 네 방향의 큰 도로들로 둘러싸여 있다고 할 수 있다.

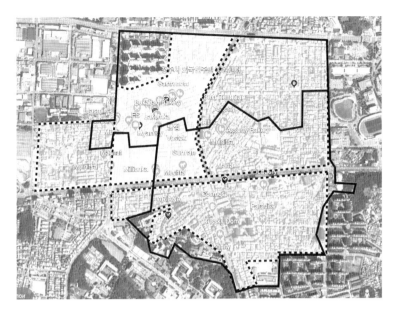

그림 5.6 고려인 마을 중심부와 러시아어권 이민자 주로 거주 지역들(점선) 및 봉명1동
과 사창동(실선)

　필자의 관찰에 따르면, 봉명1동 거주 러시아어권 이민자들은 주로
봉명초등학교 근처에 집중되어 있다. 2023년 초에 493명의 학생 중
230명이 러시아어권 학생이었다. 이 학교는 공식적으로 다문화학교로
지정되었다.[5] 봉명초등학교 병설유치원에서도 외국인 아이들이 80%
를 차지하며, 그 중 대부분은 러시아어권 아이다.[6] 학교에는 그들을

---

5) 충청북도청주교육지원청 웹사이트. 봉명 어린이 경찰대 'Dream-Pol' 창단!
　학교 폭력 없는 학교 만들기 앞장. https://www.cbcje.go.kr:446/cbcje/sub.php?
　menukey=505&mod=view&no=33140570&listCnt=10

6) 충청북도청주교육지원청 웹사이트. 봉명초병설유치원, 올해부터 한국어학급
　운영. https://www.cbcje.go.kr:446/cbcje/sub.php?menukey=505&mod=view&no=
　33503015&listCnt=10

위한 맞춤형 적응 프로그램, 다문화 수업 및 한국어 수업이 마련되어 있다.

소수민족 집단거주지의 주요 상업 및 사회문화적 인프라는 봉명 초등학교에서 도보로 접근할 수 있는 거리에 위치해 있다. 이를 통해 학교의 중심 역할과 소수민족 집단거주지에 대한 중요성이 다시 한 번 강조된다. 큰 체인점 중에서는 '멜니차'가 있다. 놀랍게도, 여기에는 고려인 주민이 어느 정도 존재하는 거의 모든 곳에서 발견되는 대형 체인 'Imperia Foods'을 찾을 수 없다. 대신, 'Bekabad', 'Assory bakery', 'Gastronom'과 같은 몇몇 독립적인 빵집이 있어, 현지 러시아어권 이민들이 매우 유사한 식습관을 가지고 있는 것을 잘 보여준다. 즉 빵과 제과 섭취가 상당히 높은 것이다.

그림 5.7 'Bekabad' 상점 겸 빵집

그림 5.8 'Gastronom' 상점 겸 빵집

식료품점들은 휴대폰 서비스 샵과 나란히 위치해 있다. 그러나 대부분의 휴대폰 서비스 샵은 러시아어 사용자뿐만 아니라 더 넓은 고객층을 대상으로 한다. 또한, 체류자격변경을 위한 교육, 문서 번역과 공증 등 여러 가지 특별한 서비스를 제공하는 업체도 있다.

그림 5.9 택배 및 우편물 배송, 휴대폰 판매 가게인 'Koryoin Express'(좌), '멜니차' 체인점(우)

러시아, 유럽 및 중앙아시아 요리를 제공하는 식당은 많다. 'Paradise', 'Maria', 'Lee', 'Vostok' 등 카페와 식장이 있다. 오락시설 중에서는 'Galaxy' 노래방 및 'Cosmos'와 'Level Bar' 술집을 들 수 있다. 그러나 현장 조사 과정에서 순수하게 '러시아' 스타일로 자신을 포지셔닝하는 업체는 발견되지 않았는데, 이는 다른 소수민족 집단거주지와는 조금 다른 양상이다.

그림 5.10 'Family' 카페(좌), 'Galaxy' 노래방(우)

그림 5.11 'Vostok' 카페

청주시 고려인 마을에 거주하는 러시아어권 이민자 대부분은 3~4층 높이의 빌라에서 산다. 빌라 단지의 부동산 가격은 높지도 않고 월세로 임대할 수 있다. 또한 고려인 마을 부근 지역에서 아파트 임대료나 보증금은 저소득층 시민들이 낼 수 있을 정도이다. 특히 충북대학교 인근 지역에서 학생들이 떠나면서 이 지역에 주택 공급이 많이 생겨났고, 이는 구소련 국가 출신 이민자들이 살기 좋은 조건이 되었다.

그림 5.12 청주시 흥덕구 봉명1동 빌라 단지 모습

이 소수민족 집단거주지에서의 사회문화적 인프라는 상대적으로 약하게형성되어 있다. 봉명초등학교는 고려인 마을 중심부에 있고 학교 내에 있는 유치원 및 한국어반, 그리고 근처에 위치한 사립 유치원들(강남어린이집, 늘푸른어린이집)과 'Radost' 어린이 센터 덕분에 이민자 아이들은 더욱 활발하게 사회화되며 추가 교육을 받을 수 있

다. 2018년에 개설된 'Russkiy Dom'도 한국의 일반학교를 대체할 수 있는 학원으로, 일반학교를 다니는 학생들에게 주말 러시아어 교육을 따로 제공한다. 2017년부터 소수민족 집단거주지 근처에서는 충인태권도장에서 러시아어권 아이들을 위한 그룹이 운영되고 있다. 사범은 우즈베키스탄 출신 고려인인 한 올레그이다.

그림 5.13 '루스끼돔어학원'

다른 고려인 마을처럼, 당국과 지역의 한국 주민들 그리고 이주민들 간의 소통의 주요 수단은 러시아어로 된 다양한 공고문이다. 이러한 공고들의 대부분은 질서를 유지하라는 메시지로, 무단 폐기물 배출 금지라는 내용이 대부분이다. 청주시 고려인 마을 경우 학교가 별도로 작성한 공고문도 있는데, 학교 내에서 허용되지 않는 행동을 지적하거나 학부모들에게 아이들의 교육과 관련된 다양한 사항을 알리기 위한 것이다. 특히 한국의 체인 매장에서 발견한 러시아어로 된 '해바라기 씨앗 껍질을 벗기지 말아 달라'는 공고는 주목할 만한데, 이는 구소련 지역의 전형적인 식사 특성 중 하나를 반영하고 있다.

그림 5.14 폐기물 배출 규칙 위반 예방 배너(한국어, 영어, 러시아어)

그림 5.15 봉청초등학교 앞 경고판

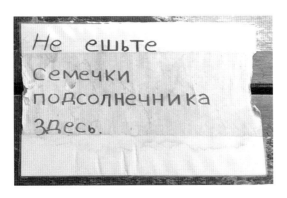
그림 5.16 한 편의점 앞 책상에 붙인 경고지

장 류보위 대한고려인협회 청주지부장의 말에 따르면, 최근 고려인 마을의 러시아어권 이민자 공동체가 점진적으로 감소하기 시작했다. 주된 원인은 일자리 부족이다. 장 류보위 부장은 자신의 입장을 소수민족 집단거주지 지역에서의 대량의 주택 임대 제안 정보로 뒷받침한다. 관계자에 따르면, 최근 청주시청은 고려인 마을 및 그 거주민들에 대한 큰 관심을 보이고 있다. 얼마 전에 현행 고려인 조례를 변경 하기도 했다[7].

따라서 청주의 고려인 마을은 Y. Kelman 이론에 따른 12가지 외부 특징 중 5가지가 나타난다. 고려인 마을의 러시아어권 주민들은 러시아어로 된 간판을 통해서 자신들의 존재를 나타낸다. 몇 개의 러시아식 상점과 식당이 있지만, 한국 기업보다는 상대적으로 적기 때문에 지역의 특별한 모습을 형성하지는 않는다. 또한 광주나 인천

---

7) 엄재천(2023). 충북, 고려인 정착 지원 나선다. http://www.daejonilbo.com/news/articleView.html?idxno=2070977

고려인 마을에서 볼 수 있는 고려인을 대상으로 한 공공 기관도 없다. 그래도 장 류보위 대한고려인협회 청주지부장과 같은 사회 활동가 있으므로 청주 고려인 마을 공동체가 점차 생기고 있는 것처럼 보인다. 따라서 청주 고려인 마을 발전 단계는 Y. Kelman 이론에 따르면 '지경'이라는 단계에 있는 것으로 보인다.

6

경상북도 경주시 성건동
고려인 마을

경주시 성건동 고려인 마을의 형성은 2015년경 구소련 국가에서 온 고려인들이 경주시의 성건동에 정착하기 시작했을 때부터 출발한다. 주로 이민 노동자가 사는 이 소수민족 집단거주지의 서쪽 경계는 형산강, 북쪽 경계는 그의 지류인 북천으로 형성되며 태종로가 남쪽 경계, 원화로가 동쪽 경계를 이루고 있는 것으로 보인다. 고려인 마을의 총 면적은 약 2.5km^{2}이며, 그의 민족 사업체 인프라는 0.13km^2 미만의 북서 지역에 집중되어 있다.

다른 고려인 마을과 비슷하게, 경주에 처음으로 정착한 고려인들의 초기 정착지는 이민 노동들에게 저렴한 보증금과 월세 및 유연한 임대 조건으로 알려진 대학 캠퍼스 인근 지역이었다. 동국대학교 WISE캠퍼스는 성건동 서쪽에 위치해 있다.

그림 6.1 소수민족 집단거주지(출처 : Google Earth)

그림 6.2 민족 인프라 가장 발달한 구역(출처 : Google Earth)

경주에 있는 고려인의 인구는 2016년에는 2,470명에서 2021년 말에는 4,332명까지 급격히 증가했다.[1] 이로 인해 경주시 성건동 고려인 집단거주지는 국내 고려인 마을 중 4위를 차지했다. 2021년 말에는 고려인이 도시 인구의 1.7% 이상을 차지하였고, 이는 전국 평균률(0.15%)보다 훨씬 높다.

경주에 거주하는 고려인(F-4 체류자격) 수는 2014년부터 꾸준한 증가를 보여주었다. 아래 그래프는 2013-2022년 기간 동안 구소련 국가들에서 온 고려인의 수가 어떻게 증가했는지 보여준다.

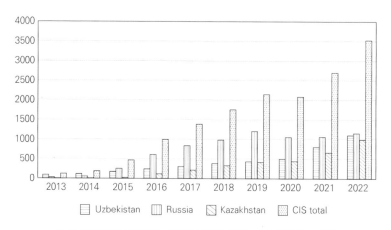

표 6.1 경주에 거주하는 고려인 인구 동향(F-4 체류자격만)[2]

성건동의 CIS 국가 출신 주민의 정확한 수에 대한 통계 데이터가 공개되지 않으나 2021년 12월 기준 762명의 우즈베키스탄, 787명의

---

1) 손능수(2022). 경상북도 고려인 실태 조사 및 지원정책 연구.

2) 법무부 출입국외국인정책본부. https://www.immigration.go.kr

카자흐스탄, 그리고 476명의 기타 국가 출신 주민이 거주했다.3) 고려인이 전체 주민 중 얼마나 차지하는지에 대해서는 대략적으로만 추정할 수 있으나 약 15%로 보인다. 이는 전국뿐만 아니라 경주도시 평균율보다 높다. 따라서 성건동 고려인 마을은 통계면에서 볼 때 소수민족 집단거주지인 것으로 보인다.

통계 데이터는 해당 구역의 러시아어권 이주민 수가 2014년부터 2020년까지 증가했음을 보여준다. 성건동에 등록된 외국인 수는 2019년까지 지속적으로 증가했다. 동시에 중국 국적 주민의 비율은 점차 감소하였고, 구소련 국가와 베트남 출신의 주민 수는 증가하였다. 결과적으로, 2015년 경 우즈베키스탄 국민은 가장 많은 그룹을 형성하였으며, 이 시기에 소수민족거주지의 빠른 발전이 시작되었음을 알 수 있다.

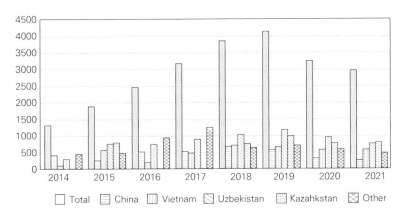

표 6.2 성건동 거주 외국인 주민 동향(2014-2021)

---

3) 경주시청 웹사이트. https://www.gyeongju.go.kr

고려인 집단거주지 내에 흥무초등학교와 월성초등학교가 있다. 전자의 경우 2023년 봄 학기 기준 학생들 중 62.7%인 232명이 외국인의 자녀로, 대다수가 러시아어권 고려인이었다. 또한, 흥무초등학교 부속 유치원 재학 중인 학생들 중 87.7%인 50명이 외국인 자녀이고 상당수는 러시아어권 아이였다. 월성초등학교에서도 이주배경아동의 비율은 45.7%이고 모두 86명이었다.

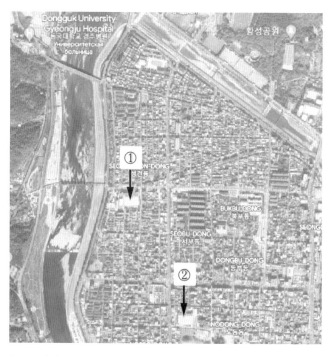

그림 6.3 성건동 고려인 마을에 있는 흥무초등학교(①) 및 월성초등학교(②)

상업 및 사회문화적 인프라의 주요 부분은 고려인 마을의 서북부에 위치해 있다. 여기에는 'Imperia Foods'라는 전국 네트워크 체인점 2개가 있으며 'Kolos'와 'Dream Mart' 같은 현지 체인점도 있다. 흥미롭게도, 드림 마트의 주인은 한국인이지만 판매하는 상품만 보면 주요 고객이 CIS 국가의 출신 주민으로 보인다. 식료품점 외에도 휴대폰 통신 가게, 택배업체, 보석점도 있다.

그림 6.4 성건 '드림 마트'(상), 내부 우즈베크와 러시아식 빵 판매 모습(하)

그림 6.5 '콜로스' 상점 및 택배 업체

수많은 카페들이 술집과 식당이 집중되어 있는 이른바 '피얀카 Pyanka' 즉 술 거리를 따라 늘어서 있다. 또한 몇몇 카페, 빵집, 과자점은 따로 고려인 마을 곳곳에 위치해 있다. 일부 업체들은 '러시아식' 업체로 자체를 포지셔닝하고 있지만, 반드시 뚜렷한 러시아식 음식이나 물품을 제공하고 있는 것은 아니다. 경주시 성건동 고려인 마을 카페와 상점의 대부분의 간판들은 두세 가지 언어로 된 문구가 있으며, 그 중 하나는 러시아어이다.

다른 고려인 마을처럼 중요한 현지 사업 중 하나는 빵 제조업이다. 구소련 국가 출신들은 매 식사 때마다 빵을 먹는다. 다양한 빵종류는 출퇴근길 간식으로도 즐겨 먹는다. 러시아식 빵 뿐만 아니라 중앙아시아의 삼사 등 다른 종류의 빵이 고려인 마을 길가에서 많이 판매되고 있다. 경주의 경우에는 작은 빵집뿐만 아니라 작은 빵 제조 작업장까지 있다. 그래서 찰보리빵으로 유명한 경주 곳곳에서 러

시아식과 중앙아시아식으로 만든 다양한 종류의 밀가루 빵들을 살
수 있다.

그림 6.6 '피얀카Pyanka' 거리 모습

그림 6.7 러시아식 빵집(우), 우즈베키스탄식 빵집(좌)

인력회사들은 고려인 마을의 민족적 인프라의 중요한 부분을 차지한다. 인력회사 근처에는 아침이나 저녁에 이민 노동자를 픽업하는 버스 정류소가 위치해 있다. 고려인 마을 상점, 식당과 술집은 먼저 그러한 픽업 장소 근처에 생기므로 '피얀카Pyanka'와 같은 술집 거리도 인력회사 근처에 위치해 있다. 고용 구조는 다른 고려인 마을에서 볼 수 있는 상태와 크게 다르지 않다. 경주에서는 산업과 농업 기업, 서비스 분야에서의 고용 기회가 많다. 일부 일자리는 현지 민족적 사업체에도 있지만, 이런 사업체는 주로 친척이나 지인만 고용하는 것을 선호한다.

그림 6.8 이민 노동자를 픽업하는 버스 모습

성건동 고려인 마을의 사회문화적 인프라와 관련해서는 어린이와 청소년을 위한 여러 교육 센터들이 있으며, 경주 고려인 마을 센터와 경상북도 고려인 통합 지원센터도 있다. 중요한 것은 스포츠 즉

태권도와 MMA를 포함한 여러 스포츠 섹션인데, 고려인 선수들이 직접 운영하거나 러시아어권 아동을 위한 프로그램이 있다. 그리고 최근에 현지 사회사업가들이 경상북도청으로부터 그랜트를 받아 창립한 비정부조직인 'DreamWay Social'이 아카데미를 설립하여 러시아어권 아이들에게 수학과 한국어를 가르치고 있고, 러시아어권 노인을 위한 프로그램도 운영하고 있다.

그러나 'Dream Way Social'의 창립자 중 하나인 오 예카테리나 Ogay Ekaterina에 따르면, 러시아어권 이주배경아동청소년들은 여전히 적응에 큰 어려움을 겪고 있다. 이들에게는 특정 교육 프로그램이 필요한데, 한국의 공립학교나 현지 학원이 이를 제공할 수 없기 때문이다.

그림 6.9 경주 고려인 마을 센터 모습

오 예카테리나가 씨는 이주배경아동청소년들의 교육 상황을 이렇게 설명하고 있다:

> "다문화 정책을 가진 학교라고 불리는 다문화 학교가 많이 있지만, 사실상 이 학교들이 하는 일은 그저 한국어를 가르치는 것뿐이고, 아직 다문화 교육에 대해 말하는 것은 어렵다고 생각한다."

러시아어권 이민자를 위한 교회도 고려인 마을 인프라 일부이며 경주에서 이런 교회가 부족하지 않은 것으로 보인다. 일단 고려인 마을 중심부에 있는 '예수님의 가족Semya Iisusa'이라는 교회가 위치하며, 이는 러시아에도 몇 개의 지점이 있는 것으로 알려져 있다. 2022년 9월에 가족(2명의 아들, 남편)과 함께 블라디보스토크에서 경주에 이주한 박 나탈리야Pak Nataliya는 이 교회의 신도가 되어, 출입국 관리 사무소에 제출해야 할 서류 준비와 관련 서비스를 무료로 교회에서 받았다고 한다. 또한 박 나탈리야 씨의 아들은 한국 학교에 입학하기 전에 목사님이 운영하는 레인보우 스쿨에서 교육을 받은 바가 있다.

성건동 고려인 마을은 인문학적 관점으로 접근하면, 러시아어로 된 표지판과 광고지가 많음을 언급하지 않을 수 없다. 필자의 의견으로는 이러한 표지판의 밀도가 국내에서 가장 높다. 표지판과 광고는 대략적으로 개인, 상업, 행정의 세 가지 유형으로 나눌 수 있다. 놀랍게도 모두 3가지 모두 쓰레기 배출과 관련된 내용을 담았다는 공통점이 있다. 필자가 보기에는 이 사실이 고려인 마을 쓰레기와 관련 문제점을 드러낸다.

그림 6.10 '예수님의 가족Semya Iisusa' 교회

그림 6.11 개인 및 행정적 쓰레기 배출 관련 공지

쓰레기 배출 문제 외에도, 고려인 마을 거주자는 허용되지 않은 장소에서 담배를 피우는 등의 소규모 법률 위반을 저지르기도 하는 것으로 보인다.

'피얀카Pyanka' 술집 거리와 경주여자고등학교 사이에 위치한 골목에는 경주경찰서가 이른바 '즐겁고 안전한 범죄안전 골목길'을 조

성했다. 이 곳에는 네 가지 언어 즉 한국어, 영어, 중국어, 러시아어
로 된 공지가 게시되어 있다.

그림 6.12 즐겁고 안전한 범죄안전 골목길 모습

　대중교통 정류장에서는 경주시청이 게시한 러시아어와 베트남어
로 흡연을 금지한다는 공지가 있다. 따라서 쓰레기 배출, 범죄 예방,
흡연 금지 공지가 여러 가지 언어로 표시되어 있는데도 러시아어와
한국어는 필수 사용하는 것을 감안하면 원주민들과 러시아어권 이

민자에 관계에 대해서 잘 표현한다고 생각한다.

성건동 고려인 마을은 Y. Kelman이 제안한 소수민족 집단거주지 12개의 외부 특성 중 8개를 보여준다. 성건동에는 고려인 외에 소수민족 집단거주지 내에 동남아시아, 슬라브계 그리고 중앙아시아계 주민이 많이 거주하는 것으로 보인다. 상건동 고려인 마을 주요 특징은 비교적 러시아어로 된 공지와 광고지가 많이 보인다는 것이다. 현지 조사 동안 수집된 정보를 분석 결과로는 성건동 고려인 마을 형식은 '지경형'으로 볼 수 있으며 점차 '온실형' 공동체가 있는 소수민족 집단거주지로 진화될 가능성이 높아 보인다.

7

다문화도시 경상남도 김해
고려인 2개의 공동체

김해시는 경상남도의 남쪽에 위치해 있다. 2023년 6월 인구는 229,882명으로, 이 중 19,743명이 외국인이었다(김해시 공식 홈페이지 참조). 따라서 김해시 전체 외국인의 비율은 8.59%로, 대한민국의 평균 비율보다 훨씬 높다. 그 중 2,975명은 포스트소비에트 국가 중 하나에서 온 고려인이며, 이는 전체 인구의 1.29%에 해당하며 국가 평균보다 훨씬 높다(법무부 참조).

김해시의 전체 면적은 463.3km²이며, 인구 밀도는 평균 1,195명/km²이다(김해시 공식 홈페이지 참조). 김해는 대한민국에서 가장 큰 항구이면서 두 번째로 큰 도시인 부산의 위성 도시다. 부산과 김해 사이에는 지상철 노선이 있어 두 도시 간의 교통이 편리하다.

김해시에는 일자리가 상당히 많고 러시아어를 사용하는 이민자 집단이 대한민국에서 가장 오랜 기간 머물고 있는 부산역 부근과 상대적으로 근접하여 2016년 이후 현지 러시아어를 사용하는 이민자 커뮤니티가 형성되기 시작했다. 그러나 두 가지 중요한 사항 때문에 그 등장 시기를 정확히 파악하기는 어렵다. 1) 포스트 소비에트 국가

뿐만 아니라 남아시아 및 동남아시아 국가들에서 온 많은 이민자들이 거주하고 있다. 2) 고려인들과 관련된 두 개의 동네가 있으며 고려인들이 창립한 비교적 큰 제조업체가 있다. 이러한 상황이 대한민국에서 흔치 않은 것은 아니다. 예를 들어, 가장 오래되고 큰 고려인 커뮤니티가 거주하는 안산에서의 상황도 비슷하다. 그러나 김해시의 특징은 그 고려인과 관련된 동네 사이의 거리가 상당히 멀다는 점이다.

김해시 중심부에 있는 동상동과 서상동 사이에 위치한 동상시장에는 아시아 여러 국가에서 온 이민자 커뮤니티의 사업 및 사회문화적 인프라가 모여 있는 큰 국제 지역이 형성되어 있다. 대다수 고려인들이 거주하는 동상동의 경우 공식적으로 835명의 외국인이 등록되어 있다. 지역 전체 인구의 8.33%를 차지하는 수치다. 유감스럽게도 고려인 수에 대한 데이터가 2021년까지만 공개되어 있다. 해당 기간 동안 이 동네에서 307명의 고려인이 등록되어 있는데 지역 전체 인구의 약 3%를 차지하며, 도시 평균보다 2배 이상, 국가 평균보다 수십 배 더 많은 것을 확인할 수 있다.

그러나 동상동 고려인 마을은 주민 대비 밀도가 다른 지역의 고려인 마을 보다 훨씬 낮다는 것을 지적할 수 있다. 이러한 낮은 밀도의 원인은 김해의 고려인 정착을 제한하는 자연적 또는 인위적인 경계의 부재와, 많은 이민자 커뮤니티의 존재 때문일 수 있다. 동상동에는 중앙아시아, 베트남, 중국, 네팔, 인도네시아, 스리랑카, 필리핀, 캄보디아, 미얀마, 태국 등의 국가들에서 이주한 이민자들로 구성된 최소 17개의 공동체가 공식적으로 존재한다. 그 중에서도 우즈베키스탄인 공동체가 가장 크고 활발하다.

그림 7.1 김해시 동상동 우즈벡케어센터

그림 7.3 김해시 동상동 야자 미얀마 교육 재단의 간판 설치 과정(2023년 5월)

단, 통계의 불완전함을 잊어서는 안 된다. 이는 구체적인 행정 구역과 일치하지 않는, 한 외국인의 밀집 지역만을 분리해 민족구성을

알려 주지 못하기 때문이다. 이와 관련하여, 김해시의 세 행정 구역
과 교차하는 동상시장 동네의 다국적 거주구는 이러한 지역의 전체
통계에서 크게 '희석'된다.

그림 7.4 김해시 동상동(화살로 동상시장 위치가 표시된다.
출처 : 카카오맵 https://map.kakao.com)

김해시의 두 번째 고려인 거주 동네는 동상동에서 약 15km 떨어
진 진영읍에 위치하고 있다. 대중교통을 이용하면 두 동네 사이의
이동 시간은 약 1시간이며, 자동차로는 약 30분이 걸린다. 김해시 진
영읍의 거주 조건은 동상동과 다르다. 여기는 약 3km² 달하는 면적
에 도시형 즉 아파트, 빌라, 상가가 모여 있는 지역은 네 방향으로

모두 농지와 산업 단지로 둘러싸여 있다. 민족 사업과 민족 사회문화적 인프라의 대부분은 김해대로 북쪽에 있는 소위 '신시'에 위치하고 있다. 2021년 자료에 따르면 그곳에는 1,100명 이상의 고려인이 밀집되어 있다. 김해시내에서 이 지역에 거주하는 외국인의 총 수는 그리 많지 않다. 같은 해에 2,454명으로 진영읍 전체 인구의 4%를 조금 넘었다. 이 중에서도 우즈베키스탄, 카자흐스탄, 러시아에서 온 이민자들이 압도적으로 많아 2021년에는 1,873명이었다. 이를 통해 여기에 고려인 마을이라고 칭할 수 있는 공동체가 확실히 존재한다고 확신할 수 있다. 2021년 이후로 상황은 크게 변하지 않았다. 게다가 2022-2023년에 한국으로 이주한 고려인의 급증을 고려해야 한다.

김해의 고려인 집단거주지의 특징은 서비스 및 소매 분야와 관련된 민족 사업체 인프라 뿐만 아니라 '로얄 푸드'라는 중형 식품 제조 회사의 존재다. 이 회사는 동일한 이름의 상점 체인을 소유하고 있으며, 자체 물류 서비스를 보유하고 있으며 전 대한민국에 걸쳐 제품 판매 경로를 보유하고 있다. 식품 제조 시설은 김해 중심부와 진영읍의 소수민족 집단거주지 사이에서 거의 동일한 거리에 위치하고 있다. 현재 '로얄 푸드' 회사는 빵류, 유제품, 육류 및 소시지 제품 및 해산물을 가공하고 있다. 할랄 식품도 별도의 라인으로 제공된다. 많은 일반 직원, 일부 관리진, 생산 관리자 포함, 그리고 주요 투자자는 포스트 소비에트 연방 국가들에서 온 고려인이다.

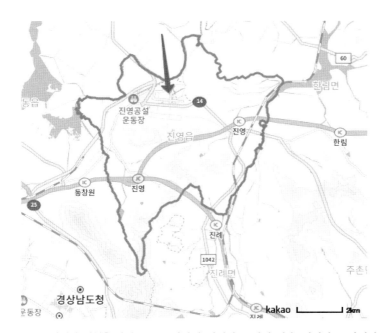

그림 7.5 김해시 진영읍(화살표로 도시화된 지역과 고려인 마을 위치가 표시된다)
소수민족 집단거주지(출처 : 카카오맵 https://map.kakao.com)

그림 7.6 '로얄 푸드' 주요 업체 위치

앞서 언급했듯이, 민족 사업체 인프라의 주요 집중 지역 중 하나
는 동상 시장 지역으로, 동상동과 서상동 지역의 경계에 위치하고
있다.

러시아어를 사용하는 이민자들의 첫 번째 업소들은 2016년 이전
에 이미 이곳에 나타났다. 불행히도 네이버 지도나 카카오 맵 서비
스는 이 질문에 대해 더 구체적으로 답변할 기회를 주지 않으며, 현
지인들도 정확한 정보를 제공하는 데 어려움을 겪고 있다. 가장 오
래된 업소 중 몇 가지로는 '베려즈카' 식품점과 '나 오고녁' 카페가
있다. 후자는 2021년에 운영을 중단했지만 그 자리에는 '골든 피플'
이라는 새로운 장소가 개업했다. '베려즈카'도 원래 '임페리아'라는
이름으로 시작되었지만, 2019년에 이름을 바꿨다. 그러나 간판에는
'임페리아'가 여전히 언급이 되어 있다.

그림 7.7 '베려즈카' 상점

눈에 띄는 것은 2022-2023년 동안 많은 업소들이 문을 열었다는 것이다. 예를 들면, '페레크료스토크', '홈 푸드', '먀스느예 델리카테시', '예시카' 상점과 '그레이스', '펠메시카' 카페 등이다.

동시에 몇몇 민족 사업체들은 운영을 중단했다. 예를 들면, '구르만' 체인의 두 장소, '욜키 – 팔키', '나 오고녁', '알마 – 아타' 카페들이 그러하다.

그림 7.8 '먀스느예 델리카테시' 상점(상), '펠메시카' 카페(하)

카페와 상점 외에도 여기에는 문서 작성과 관련된 이민자들에게 서비스를 제공하는 특정 상업 회사들이 있다. 김해의 다양한 국적은 비즈니스 운영 조건에 상당한 영향을 미친다고 말할 수 있으므로, 이곳의 회사들은 매우 넓은 고객층을 대상으로 하며, 러시아어를 사용하는 이민자들을 특정 대상 고객으로 구분하지 않는다.

그림 7.9 김해시 동상동 부근 이른바 외국인 센터
(번역, 출입국업무대행 등 여러 가지 봉사를 제공하는 업체)

김해시 동상동과 서상동에는 고려인들을 돕기 위한 목적으로 활동하는 여러 사립 단체가 있다. 즉 '구소련 친구들'과 '글로벌드림 다문화연구소'이다. 전자는 주로 성인 동포들에게 도움을 제공하는 데 중점을 두고 있으며, 후자는 아이들에게 더 많은 주의를 기울인다.

그림 7.10 '글로벌드림 다문화연구소'의 러시아어로 된 설명도 있는 고려인의 역사와 문화 기념관

2023년 봄에 중요한 사건은 '글로벌드림 다문화연구소'에 두 개의 기념실이 개장된 것이었다. 이들은 고려인의 역사와 문화 그리고 이른바 조선족에 대해 소개하고 있다. 각 기념실의 정보 설명은 두 언어로 제공된다. 연구소의 경영진에 따르면, 이 자료들은 해외 동포들의 정체성을 유지하기 위해 사용된다. 이런 기념실은 러시아어를 사용하는 고려인이 거주하는 모든 지역에는 존재하지 않는다는 것을 감안하면 한국어를 모르는 러시아어권 고려인 아동들에게 큰 도움이 된다고 생각한다.

위와 같은 사립 단체와 외국인 센터 외에도 두 개의 러시아어권 주민을 위한 교회가 있다. 2017년 'CIS Gimhae Church'가 개설되어 2022년에는 'Calvary Church(러시아 교회 골고다)'로 이름이 바뀌었다. 또 다른 교회는 2021년부터 동상시장 근처 골목길에 위치하고 있으며 '김해 크리스찬 교회'라고 불린다.

그림 7.11 '김해 크리스찬 교회'

이를 감안할 때, 김해시의 동상동과 서상동의 주요 특징은 다문화
성뿐만 아니라 다종교성도 있다는 것을 알 수 있다. 예를 들면, 기독
교와 불교의 신자 외에도 여기에서는 많은 이슬람 신자들을 만날 수
있다. 물론 그들을 위한 이슬람교 센터도 몇 곳이 있다.

그림 7.12 김해시 이슬람교 센터 및 중앙아시아에서 온 이슬람 신자 모습

다문화 지역 근처에는 이민자들의 아이들, 특히 러시아어권 아이들이 많이 다니는 두 개의 초등학교와 하나의 중학교가 위치하고 있다. 그 중에서도 동광초등학교는 동상동 중심부에 위치하고 있으며, 가장 많은 외국인 학생들이 교육을 받고 있다. 2022년 초에는 한국어 학습을 위한 세 개의 별도 반이 있었다. 동시에, 서상동에 위치한 합송초등학교에서도 한국어반이 운영되었다. 현재 이러한 아이들의 정확한 수에 대한 데이터는 없지만, 언론의 보도에 따르면, 이 학교들에서 러시아어권 아이들의 존재가 뚜렷이 느껴진다.

러시아어권 이주 배경 아이들의 교육에 대해 언급할 때, '글로벌드림 다문화연구소'의 역할을 무시할 수 없다. 이 연구소는 정기적으로 한국어와 한국문화 수업을 진행한다. 이는 아이들이 한국 사회에 통합되는 데 매우 중요한 역할을 한다.

그림 7.13 '글로벌드림 다문화연구소' 학습실

동상동과 서상동의 경계에 러시아어 민족 사업체 인프라의 중심
이 있음에도 불구하고, 동상시장 근처의 다문화 지역 배경 앞에서
그것은 크게 눈에 띄지 않는다. 게다가 여기에는 러시아어를 활발히
사용하는 우즈베키스탄인 공동체의 두드러진 존재로 인해, 고려인
들이 현지 러시아어 공동체의 중심이라고 말할 수 없다.

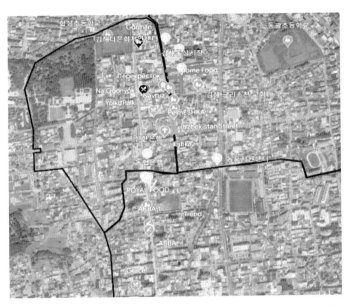

그림 7.14 동상시장 부근에 있는 러시아어권 공동체 사업 인프라 분포

　　김해시 진영읍에서는 완전히 다른 상황을 볼 수 있다. 여기서의
소수민족 집단거주지 형성 역사는, 2010년대 초에 첫 러시아어를 사
용하는 이민자들이 이곳에 도착하면서 시작되었다. 시끄러운 부산
에서 멀리 떨어져 있으며 부동산 가격이 상대적으로 낮았다. 노동력
부족으로 중국, 베트남, 러시아어를 사용하는 이민자 커뮤니티가 여

기서 점차 형성되었다.

2009년에 이곳에 가족과 함께 이사 온 최 이고르Igor Choi 씨는 2016년에 소수민족 집단거주지 북동부에 '브쿠스노프'라는 러시아 음식점을 개관했으며, 이곳은 현지 러시아어 공동체에서 잘 알려져 있다. 다른 음식점과 가게들은 2018년부터 서서히 생겨나며, 그들 간의 경쟁 없이 고르게 분포하고 있다.

이 지역의 사회문화적 인프라는 1개의 중학교와 2개의 초등학교 그리고 이민자 아이들을 돕기 위한 사립 단체인 '김해글로벌청소년센터'와 '고려인센터'로 구성되어 있다.

가장 많은 외국 아이들이 교육을 받는 곳은 금병초등학교로, 2022년에는 한국어 학습을 위한 3개의 별도 그룹이 있었다. 2017년에 이 학교는 다문화 학교로 지정되었다. 근처에 있는 금병중학교와 중앙초등학교에도 각각 2개의 한국어 학습 클래스가 있다[4]. 언론 보도에 따르면, 중앙아시아 국가와 러시아에서 온 러시아어권 아이들이 압도적으로 많다고 한다. 정확한 학생 수는 알려져 있지 않다.[5]

김해시 진영읍에는 몇몇 사립 어린이집과 유치원도 있다. 또한 2020년부터 'Grace-CIS'라는 러시아어권 교회가 활동하고 있다. 소수민족 집단거주지 중심부에는 큰 공원과 어린이 놀이터가 있어 러시아어권 아이들과 그들의 부모들의 모임 장소로, 그리고 러시아어를 사용하는 커뮤니티의 지형적인 기준점으로 활용된다.

---

4) 다문화교육 기본 계획(안)(2022). 경상남도교육청. https://www.gne.go.kr/upload_data/board_data/BBS_0000309/166011699484292.pdf

5) 김해신문(2017). 진영금병초, '우리는 지구촌 한 가족'. http://www.gimhaeilbo.com/news/articleView.html?idxno=5504

그림 7.15 다문화 사립어린이집

눈에 띄는 점은 러시아어 사용자가 상당히 많음에도 불구하고, 김
해시 청소행정과는 4가지 외국어로 즉 영어, 중국어, 베트남어, 그리
고 우즈베크어 경고를 하는데 러시아어를 사용하지 않는다는 점이
다. 이는 러시아어권 사람들은 무조건 영어를 잘한다고 생각하거나
동상동 다문화 공동체에 러시아어권 사람들이 별로 활동하지 않기
때문인 것으로 보인다.

그림 7.16 공원에 있는 경고판

상업 및 사회문화적 인프라의 점진적인 성장은 소수민족 집단거주지의 인구가 증가하는 것을 잘 보여준다. 2022년에만 상대적으로 작은 진영읍에서는 'Family House' 카페와 CIS 국가의 제품을 판매하는 2개의 가게 즉 'YoungJin Asia Mart'와 'Imperia Foods'가 개업했다.

그림 7.17 'YoungJin Asia Mart'(상), 'Imperia Foods'(하)

상업적 인프라는 3개의 빌라 단지와 인접한 아파트 단지 내에 위치해 있다. 러시아어를 사용하는 이민자들은 전통적으로 임대료가 낮은 빌라를 대비 선호하지만, 정보제공자에 따르면 일부 가족들은 아파트에서도 거주하고 있다. 관찰을 통해 이러한 사실을 확인할 수 있었으나, 슬라브 및 중앙아시아 외모의 사람들의 수는 특히 빌라가 있는 단지에서 훨씬 많이 관찰할 수 있었다.

그림 7.18 김해시 진영읍 'YoungJin Asia Mart' 상점 부근 한 빌라 단지 모습

전반적으로 소수민족 집단거주지는 진영읍의 도시화된 중심부에서 매우 조밀하게 위치해 있다. 정보제공자들은 특히 그 단란함과 아이들과 함께 거주하기에 적합한 평온한 환경을 강조한다. 그럼에도 불구하고, 주요 러시아어 교육 센터에서 멀리 떨어져 있다는 것은 일부 부모들을 걱정하게 만드는 요인이다. 이 지역은 상대적으로 최근에 개발되었기 때문에, 주택 건축 밀도가 그리 높지 않으면서 주택과 상업용 건물은 분리되어 있으나, 공공 공간인 공원과 놀이터가 풍부하고 아기가 있는 가족이 살기 좋은 환경을 이룬다.

그림 7.19 진영읍 고려인 마을 약도

　김해시에는 고려인들에 대한 독특한 현상이 관찰된다. 연구의 연구 현장 답사 단계에서는 김해시의 동상동과 서상동, 그리고 약 15km 떨어진 진영읍에서 민족 사업체 인프라의 두 집중 센터가 기록되었다. 또한, CIS 국가 출신 고려인들에 의해 창립된 중소기업인 'Royal Food'회사도 확인되었다. 후자는 김해시에 여러 식품 가공 공장을 보유하고 있으며, 그중 일부는 소수민족 집단거주지에 거주하는 직원들에게 고용 기회를 제공한다. 이들 중에는 블루 칼라 직원이 있지만 화이트칼라 직원도 있다.

　동상동과 서상동에 있는 다문화 지역에는 17개의 이민 공동체가 거주하며 러시아어권 이민자가 있어도 고려인 마을이 형성하지 못하는 만큼 사회문화적 인프라가 거의 없는 것으로 보인다. 또한 동상동이나 서상동 거주 고려인들 중 사회활동가가 거의 없고 중요한 사회 봉사 활동은 한국 사립 단체나 개인 인사들이 한다. 따라서 동상동과 서상동에는 고려인이 중심이 된 러시아어권 공동체 즉 고려인 마을이 아직 형성되지 않은 것으로 보인다.

반면에 진영읍에는 러시아어권 사람들은 비교적 많이 거주하며 그들 중 다수가 고려인이다. 그들 중 사회활동가도 있으며 고려인에 의해 창립된 학원식 러시아 학교도 있다. 진영읍의 소수민족 집단거주지는 Y. Kelman 제안한 12가지 외부 특징 중 6가지를 보유하고 있다. 단 고려인 마을 기업들은 러시아어 공동체에 속한다는 것을 보여주려는 경향이 전혀 없는 것 같으며, 대부분의 간판은 영어로 작성되어 있다. 또 다른 한 가지 특징은 고려인의 식당이나 상점이 상당히 균일하게 분포되어 있다는 점이며, 특정 이민자 거리의 이미지를 만들어 내지 않는다는 점이다. 김해시청도 러시아어권 이민자에 대한 특별한 관심을 보이지 않는 것으로 보인다. 그럼에도 불구하고 진영읍 고려인 마을에서 한 해 동안 여러 새로운 사업체들이 등장함으로써 러시아어권 공동체가 성장하고 있는 것으로 보이며, 소수민족 집단거주지의 상황도 매우 안정적으로 보인다. 이러한 이유로 필자는 진영읍 고려인 마을은 현재 Y. Kelman 제안한 이론에 따른 '지경' 단계에 있다고 주장하고자 한다.

강성희, 최운실, "안산 '땟골 마을' 고려인들의 학습 문화기술지 연구". *인문사회* 21. 2021. Vol.12. No. 3. pp. 1309-1324.

경주시청 웹사이트. URL: https://www.gyeongju.go.kr

고귀한, "어서 와, 예바!…광주 고려인마을로 피란 온 우크라 어린이의 첫 등교". *경향신문*, 2023.03.03. URL: https://www.khan.co.kr/local/local-gen eral/article/202303030600005

곽동근, 임영상, "고려인동포의 '귀환'과 도시재생". *역사문화연구*, 2017. Vol. 64. pp. 175-211.

광주 이주민의 삶과 문화. 고려인인문사회연구소 총서 2. 도서출판루치카, 2021.

국내 고려인 청소년의 주체적 활동과 과제. 세미나 자료집. 선문대학교, 2023.

권영석, "청주에 고려인들이 많구나". *충청리뷰*, 2021.04.22. URL: https:// www.ccreview.co.kr/news/articleView.html?idxno=309760

기미양, "고려인강제이주 80주년기념 다큐 뮤지컬 '나는 고려인이다' 공연 성료". *국악신문*, 2020.11.11. URL: http://www.kukak21.com/bbs/board. php?bo_table=news&wr_id=13354

김경학, "광주광역시 고려인마을 -이주와 정착". *문학들.* 2019. No. 55. pp. 272-299.

김경학, "국제이주 과정에서 아동의 정착 경험: 광주광역시 고려인 아동을 중심으로". *문화역사지리*, 2018. Vol. 30. No. 2. pp. 130-148.

김경학, "중앙아시아 고려인의 한국 이주와 정착: 광주 '고려인마을'을 중심으로". *국제지역연구*, 2014. Vol. 17. No. 4. pp. 259-282.

김나경, "재한 고려인의 공간 형성과 공동체 활동". *전남대학교 글로벌디아스포라 연구소 국내 학술회의.* 2013. pp.137-155.

김성원, "가족 생태학 관점으로 바라본 광주 고려인 마을에 대한 문화 기술지 연구: 부모교육 프로그램 개발을 위한 연 작 연구1". *유아교육학논집*, 2021. Vol. 25. №. 4. pp. 223-254.

김승근, "러시아 연해주(沿海州)지역의 고려인(高麗人)마을 만들기와 운영실태에 관한 조사연구". *한국농촌건축학회논문집*. 2007. Vol.9. №. 26. pp. 129-137.

김승근, "러시아 연해주(沿海州)지역의 고려인(高麗人)마을 만들기와 운영실태에 관한 조사연구". *한국농촌건축학회논문집*, 2007. Vol.9. №. 26. pp. 129-137.

김승력, "안산 고려인 현황과 지원활동". *전남대학교 세계한상문화연구단 국내 학술회의*, 2017. pp. 19-32

김영수 et al., *최근 5년간 충북지역 외국인 통계. 보도 자료*. 충청지방통계청 지역통계과, 2016.

김영술, 홍인화. "중앙아시아 고려인의 광주지역 이주와 문화변용에 관한 연구," *디아스포라연구* . 2013. Vol 7. №. 1. pp. 131-161.

김웅기, "연수구청 다문화 조례안 유명무실 우려". *인천자치신문 연수신문*, 2019.09.06. URL: http://www.yeonsu.info/news/articleView.html?idxno=30840

김재기, "광주광역시 광산구 지역 귀환 고려인의 이주배경과 특성". *재외한인연구* 2014. №. 32. pp. 139-163.

김재기, 홍인화, "광주거주 고려인 이주노동자 로서 인권실태". *재외한인연구*, 2017. №. 43. pp. 83-104.

김향희, "광주광역시 월곡동 고려인마을 내 고려인 자영업자의 사회적 네트워크에 관한 연구". *문화와 융합*, 2023. Vol. 45. №. 2. pp. 609-622.

다문화교육 기본 계획(안). 경상남도교육청, 2022. URL: https://www.gne.go.kr/upload_data/board_data/BBS_0000309/166011699484292.pdf

문영호, "아산시, 통역 직원 채용으로 외국인 행정편의 앞장". *중부매일*, 2022.03.03. URL: http://www.jbnews.com/news/articleView.html?idxno=1356050

박미숙, 강성희, 최이윤, "인천 함박마을 고려인 및 한국인 주민의 거주경험과 공존방안 연구". *다문화와 평화*, 2022. Vol.16. №. 2. pp. 80-106.

박종구 외, "고려인 마을의 '사이공간'으로서 로컬리티: 광주, 안산 고려인마을을 중심으로". *대한지리학회 학술대회논문집*, 2020. №. 11. pp. 112-113.

박지현, "아산 신창면, 러시아어 직원 배치 98% '만족'". 굿모닝충청, 2022.08.29. URL: http://www.goodmorningcc.com/news/articleView.html?idxno= 275213

박현옥, 주회진, *인천광역시 외국인 근로자 실태조사 및 지원방안*. 한국지방행 정연구원, 2022. URL: https://www.google.com/url?sa=t&rct=j&q=& esrc=s&source=web&cd=&cad=rja&uact=8&ved=2ahUKEwjvmLnBt_ GEAxVgZvUHHUm2DvgQFnoECA8QAQ&url=https%3A%2F%2Fw ww.krila.re.kr%2Fdownload%2Freport%2Fkor%2F1776&usg=AOvVa w0z2ev0omN4ZyvOJ2cgYJkN&opi=89978449

법무부 출입국외국인정책본부. URL: https://www.immigration.go.kr

"봉명 어린이 경찰대 «Dream-Pol» 창단! 학교 폭력 없는 학교 만들기 앞장". *충청북도청주교육지원청 웹사이트*, 2023.01.19, URL: https://www. cbcje.go.kr:446/cbcje/sub.php?menukey=505&mod=view&no=331405 70&listCnt=10

"봉명초병설유치원, 올해부터 한국어학급 운영". *충청북도청주교육지원청 웹 사이트*, 2023.03.21. URL: https://www.cbcje.go.kr:446/cbcje/sub.php? menukey=505&mod=view&no=33503015&listCnt=10

사단법인 고려인마을 홈페이지. URL: https://www.koreancoop.com

새날학교 홈페이지. URL: http://www.saenalschool.com

석주연, 박수연, 추연, "광주 월곡 마을 고려인의 언어 사용 실태 조사를 위한 기초적 연구". *한국언어문학회*, 2018. №. 105. pp. 71-99.

선봉규, "한국에서 외국인 집거지의 형성과 공간적 특성에 관한 연구: 광주광역 시 고려인마을을 중심으로". *한국동북아논총*, 2017. Vol. 22. №. 2. pp. 193-214.

손능수 et al., *경상북도 고려인 실태 조사 및 지원정책 연구*. 경북행복재단, 2022.

"아트밸리 아산 제1회 국제민족무용축제 안내". *아산시 웹사이트*, 2023.08.17.

URL: https://www.asan.go.kr/main/cms/?tb_nm=city_news_notice& m_mode=view&pds_no=2023081717074775973&category=&PageNo =1&no=131

안성시청 웹사이트. URL: https://www.anseong.go.kr

양민아, "상호문화시대 문화접경 공간으로 광주 고려인마을에서 공연예술 활동 의 의미: 중앙아시아 스토리텔링 퍼포먼스 <나는 고려인이다>를 중심 으로". *다문화콘텐츠연구*, 2023. №. 46. pp. 251-281.

엄재천, "충북, 고려인 정착 지원 나선다". *대전일보*, 2023.06.25. URL: http://www.daejonilbo.com/news/articleView.html?idxno=2070977

오정은, "이민자 문화자산을 활용한 지역발전 전략 : 광주 광산구 고려인 마을 사례를 중심으로". *한국이민정책학회 학술대회*, 2023. Vol.2023. №. 6. pp. 59-72.

윤상문, "[스트레이트] '인구 절벽' 낮추는 이주민들‥"우리는 함께 살 준비가 됐나"". *MBC뉴스*, 2023.01.15. URL: https://imnews.imbc.com/ replay/straight/6445865_28993.html

윤성문, "내·외국인 갈등 빚는 인천 함박마을... 상생 종합대책 추진". *인천in*, 2023.07.11. URL: https://www.incheonin.com/news/articleView.html? idxno=96327

윤자민, "광주 하남중앙초 '고려인 역사알기 전시회' 개최". *아시아경제*, 2019.06.13. URL: https://cm.asiae.co.kr/article/2019061314285217286

윤종채, "광주고려인마을, 마을공동체신문 '동그라미' 제3호 제작 배포". *남도일 보*, 2022.12.16. URL: https://www.namdonews.com/news/articleView. html?idxno=707387

이재기, "충북대학교, 1400명수용 신축 기숙사 완공". *국제뉴스*, 2014.12.27. URL: https://www.gukjenews.com/news/articleView.html?idxno=182 968

인천시청 웹사이트. URL: https://www.incheon.go.kr

임영상, "[아시아의 비전을 찾아라] 고려인 육아공동체에서 '글로리아상호문화 대안학교'로...최마리안나와 인천CIS선교센터". EKW (이코리아월드) 동포세계신문, 2022.04.11. URL: https://www.ekw.co.kr/news/article

View.html?idxno=10837

임영상, 박마야, "타슈켄트의 신코리아타운 시온고 고려인마을과 한국문화". 글로벌문화콘텐츠, 2010. №. 5. pp. 41-86.

임영상, 정막래, "한국 속의 러시아, 고려인 마을을 중심으로". 동서인문학, 2016. №. 52. pp. 275-295.

전득안, 선봉규, "코로나19(COVID-19) 팬데믹과 이주민 공동체 의 변화. 광주 광역시 고려인마을을 중심으로 ". 지식융합연구, 2022. Vol. 5. №. 1. pp. 179-205.

정막래, 주동완, "광주 고려인마을의 발전을 위한 위키백과 구축 연구". 슬라브 학보, 2017. Vol. 32. №. 3. pp. 149-171.

정종민 외, "팬데믹 상황에 서의 광주 이주배경 고려인 아동의 정동적 연결성". 다문화와 평화, 2022. Vol. 16. №. 2. pp. 56-79.

주현정, 오종현, "르페브르의 사회적 공간이론으로 바라본 고려인 마을 공간성 에 관한 연구". 문화교류와 다문화교육, 2022. Vol. 11. №. 3. pp. 295-319

"<중앙아시아 이 스토리텔링극> '나는 고려인이다'". 국립아시아문화전당 홈페 이지, 2021. URL: https://www.acc.go.kr/main/performance.do?PID =0102&action=Read&bnkey=EM_0000004589

"중앙아시아 스토리텔링극 '나는 고려인이다". 국립아시아문화전당 홈페이지, 2020. URL: https://www.acc.go.kr/main/performance.do? PID=0102&action=Read&bnkey=EM_0000004161

"진영금병초, '우리는 지구촌 한 가족'". 김해일보, 2017.05.03. URL: http:// www.gimhaeilbo.com/news/articleView.html?idxno=5504

차노휘, "팬데믹 이후 광주고려인마을 한국어 교육의 중요 성 담론". 문화와 융합, 2022. Vol. 44. №. 8. pp. 547-560.

청주시청 웹사이트. URL: https://www.cheongju.go.kr

"[포토] 광주 '고려인신문' 1호". 한겨례, 2015.12.30. URL: https://www.hani .co.kr/arti/area/area_general/724171.html

Espinoza-Kulick M., Fennelly M., Kevin B., Castañeda E., "Ethnic Enclaves". *Oxford Bibliographies in Sociology*, 2021, URL: https://www.oxfor dbibliographies.com/view/document/obo-9780199756384/obo-978019 9756384-0257.xml

Lin J., *The Power of Urban Ethnic Places Cultural Heritage and Community Life*. Routledge, 2011.

Portes A., Manning R.D., "The Immigrant Enclave: Theory and Empirical Examples". *Competitive Ethnic Relations*. Academic Press, 1986. pp. 47-68.

Wei Li., *Ethnoburb: The New Ethnic Community in Urban America*. University of Hawai'I Press, 2009.

Голяшев А.В., Кельман Ю.Ф., "Индекс локализации в социально й и экономической географии: традиция и новые подхо ды", Мир науки, культуры, образования. 2014. № 3 (46). pp. 376-380 = Golyashev, A. and Y. Kelman. Localization index in Social and Economic geography: tradition and new approaches.

Кельман Ю.Ф., "Полевое исследование этнокультурных анклаво в в городах США. Методика и примеры", Городские иссле дования и практики. 2017. Vol. 2. № 2. pp. 56-80 = Kelman Y. Field research on ethnocultural enclaves in US cities. Methodology and examples.

Пузанов К.А., "Территориальные границы городских сообществ", Социология власти. 2013. № 3. pp. 27-38 = Puzanov K.A. Te rritorial boundaries of urban communities.

/ 지은이 소개 /

바딤 아쿨렌코(Vadim Akulenko)
극동국립대학교 동양학대학 한국학대학 졸업
극동국연방대학교 인문학대학 대학원 석사
러시아과학원 동양학대학 박사

주요 논저
『Этногенез корейцев в работах учёных Южной и Северной Кореи (남-북한 과학자의 한국민족기원설)』(극동연방대학교)
『Региональная идентичность этнических корейцев российского Дальнего Востока и Центральной Азии (러시아 극동 지역 및 중앙 아시아에 거주하는 고려인의 지역적 정체성)』(공저, 극동연방대학교)
『Общественная география государств Корейского полуострова (한반도 국가들의 사회적 지리학)』(공저, 극동연방대학교)
『동북아 초국경 협력 사회연대경제에 길을 묻다』(공저, 하나누리 동북아 연구원)

연구 분야
고려인 역사와 정체성, 한국민족기원설, 한-러 관계사, 북한 해외 파견 노동자 역사

접경인문학 자료총서 007

한국 내 고려인 마을 조사 자료집

초판 인쇄 2024년 4월 3일
초판 발행 2024년 4월 10일

지 은 이 ㅣ 바딤 아쿨렌코(Vadim Akulenko)
펴 낸 이 ㅣ 하운근
펴 낸 곳 ㅣ 學古房

주   소 ㅣ 경기도 고양시 덕양구 통일로 140 삼송테크노밸리 A동 B224
전   화 ㅣ (02)353-9908 편집부(02)356-9903
팩   스 ㅣ (02)6959-8234
홈페이지 ㅣ http://hakgobang.co.kr/
전자우편 ㅣ hakgobang@naver.com, hakgobang@chol.com
등록번호 ㅣ 제311-1994-000001호

ISBN 979-11-6995-490-7 94910
       979-11-6995-489-1 (세트)

값 : 16,000원